PIERRE PRADERVAND

Plus jamais victime

Victime ou responsable : je choisis

Autres ouvrages de Pierre Pradervand

Apprendre à s'aimer, Coll. Pratiques, 2006
Vivre le temps autrement, Coll. Pratiques, 2004
Gérer mon argent dans la liberté, Coll. Pratiques, 2004
Messages de vie du couloir de la mort,
avec Roger W. McGowen, 2003
Plus jamais victime, Coll. Pratiques, 2001
Le bonheur, ça s'apprend, Coll. Pratiques, 2001
Vivre sa spiritualité au quotidien, 1997

Extraits du catalogue Jouvence

Le Dialogue intérieur au quotidien, Joy Manné, 2006
Accepter ce qui est, Rosette Poletti & Barbara Dobbs, 2005
Vivre avec ses peurs, Chantal Calatayud, 2005
Choisir ses émotions, Bernard Raquin, 2005
S'aimer tel que l'on est, Chantal Calatayud, 2004
Émotions, mode d'emploi, Christel Petitcollin, 2003
L'estime de soi, Rosette Poletti & Barbara Dobbs, 1998
Croire en soi, Marie-France Muller, 1997

Catalogue gratuit sur simple demande

ÉDITIONS JOUVENCE
France : BP 90107 – 74161 Saint-Julien-en-Genevois Cedex
Suisse : CP 89 – 1226 Thônex (Genève)
Site internet : **www.editions-jouvence.com**
E-mail : info@editions-jouvence.com

couverture: illustration, Jean Augagneur
mise en pages : Éditions Jouvence

© Copyright Editions Jouvence, 2001
ISBN 978-2-88353-247-2
Tous droits de traduction, reproduction et adaptation réservés pour tous pays.

Sommaire

Introduction 7

Chapitre 1
Des victimes responsables..................................... 11
• une distinction fondamentale..................... 12

Chapitre 2
Victime ou responsable :
les caractéristiques psychologiques........................... 31
• Victime ou responsable 35
• Ma déclaration de responsabilité
  face à la vie 38

Chapitre 3
Choisir d'être responsable....................................... 41

Chapitre 4
La seule chose dont je puisse être victime 59

Chapitre 5
Des outils pour me sortir
du parking payant.. 63

Chapitre 6
«Je me sens victime de » :
les grands thèmes..69
- Le temps 69
- L'argent 72
- La santé 76
- L'éducation... 83
- Le «système» 85

Chapitre 7
la croyance au manque..91

Les ateliers... 94

*Je dédie ce livre
à mon ami, Roger W. Mc Gowen
qui depuis 16 ans vit debout
dans le couloir des condamnés à mort
d'une prison du Texas,
et à mon amie Marie-Aimée Helie
qui pendant sa vie entière a lutté pour que
ses sœurs puissent, elles aussi,
vivre debout.*

Introduction

Au cours de mes voyages, recherches, séjours dans plus d'une quarantaine de pays des cinq continents, j'ai eu l'immense privilège de voir vivre des milliers d'individus de culture, religion, milieu social, race et conditions matérielles fort différents.

J'ai vu de près des gens objectivement victimes de situations d'une dureté incroyable me parler avec le sourire de ce qu'ils faisaient pour améliorer leur sort, tout comme j'ai connu des gens qui avaient tout, mais tout, pour réussir et qui parvenaient encore à se voir comme victimes de la société ou du sort. Boris Cyrulnik, dans un livre dont le titre est tout un programme de vie, *Un merveilleux malheur*, présente le cas de personnes qui semblaient d'avance condamnées à l'échec par tout ce qu'elles avaient vécu dans leur petite enfance – par exemple les camps de la mort nazis, les orphelinats roumains du début des années 1990.

Et pourtant elles arrivaient à triompher de ces conditions de vie et à vivre une vie normale.

Cela fait de nombreuses années que je travaille dans le domaine du développement personnel. Je suis arrivé à la conviction profonde qu'une des décisions les plus importantes qu'un individu puisse prendre dans sa vie – peut-être la plus importante – est de savoir s'il va se considérer comme victime ou comme responsable de la réussite de sa vie.

Mais avant d'entrer dans le vif de notre sujet, je voudrais faire trois remarques importantes.

Le philosophe français Jean Guitton a écrit, «Il n'y a pas d'éducateurs, il n'y a que des gens qui montrent aux autres comment ils font pour s'éduquer eux-mêmes». Ce que j'avance dans ces pages a été testé dans le feu de l'épreuve, que ce soit dans ma vie personnelle ou celle d'autres personnes, en général connues de moi.

Ensuite, je n'ai pas la prétention de dire à une seule personne sur cette terre comment elle devrait penser, vivre, agir. Il est déjà assez difficile de vivre sa propre vie avec un minimum de cohérence, sans avoir la prétention de dire à d'autres comment vivre la leur. Alors prenez ces pages comme un simple échange amical, un partage d'expériences.

Finalement, ne croyez rien de ce que j'écris *avant de l'avoir testé pour vous-même, dans votre propre vie*. Il y a déjà assez de gourous ou spécialistes qui parcourent la terre en disant : «Yaka, yaka», «C'est comme ceci», ou, «Voici la vérité». La seule bonne vérité est une vérité vécue, testée au feu de la vie. Cela, vous seuls, chère lectrice, cher lecteur, pouvez le faire.

Il est essentiel de ne pas introduire de jugement moral sur l'attitude de victime ou responsable. Ce n'est pas «mauvais» d'être victime, ni «bon» d'être responsable. Ce sont des étapes à travers lesquelles nous passons tous. Il faut les observer, sans porter aucun jugement moralisant. Une personne qui est victime a besoin de compréhension et de compassion, pas de jugement.

Pendant que j'écrivais ces lignes, un ami allemand que j'ai respecté toute ma vie pour sa force, son sens exceptionnel des responsabilités, et chez qui en plus de trente ans d'amitié je n'avais jamais ressenti la moindre trace de l'esprit de victime, m'a téléphoné. Il était au fond du trou. Sa femme venait de le quitter. Il avait reçu sa lettre de licenciement. Son fils avait manqué de loyauté envers lui de façon invraisemblable, et ses finances étaient dans le rouge vif. Il se sentait pour une fois presque englouti par les circonstances de sa vie. C'était son droit. Il avait perdu toute maîtrise des événements. Il avait rapidement besoin d'aide, et surtout de beaucoup de compassion.

Certaines personnes qui se complaisent dans la mentalité de victime, par contre, peuvent avoir besoin d'une bonne secousse. Cela peut être la plus grande forme d'amour à leur égard. Je pense à un homme qu'une de mes collègues visitait en prison. Pédophile notoire, il avait abusé d'enfants de deux ou trois ans. Cet homme se voyait comme totalement victime de la société. Il n'était absolument pas conscient d'avoir fait du mal. Cela ne semblait ni indiqué, ni thérapeutique d'exprimer de la commisération à son égard. Sans le juger, la fermeté semblait en l'occurrence plus de mise.

Galilée disait qu'on ne peut rien apprendre à un homme, on ne peut que l'aider à découvrir ce qu'il sait déjà. De plus en plus, mon outil pédagogique préféré est la question. Le spécialiste américain des communications, Neil Postman, a dit de la question qu'elle constitue notre principal outil intellectuel. Aussi trouverez-vous, amie lectrice, ami lecteur, au fil des pages de cet ouvrage, des **Q** majuscules. Je souhaite que vous y fassiez de petites haltes buissonnières pour réfléchir à l'interrogation que je soulève et qui, je l'espère, vous aidera à approfondir votre réflexion sur ce thème.

Je ne saurais terminer cette introduction sans partager ma conviction intime que l'existence est une invitation constante à la découverte des lois d'harmonie qui gèrent toute forme de vie. Ces lois, on ne peut les découvrir que si l'on sort de la «zone de confort» (du «parking payant») d'une attitude de victime pour le grand large – combien plus tonifiant et aventureux – d'une vie responsable qui implique des risques assumés en pleine conscience.

Chapitre I

Des victimes responsables !

Dans un de ses ouvrages, le spécialiste américain de l'estime de soi, Nathaniel Branden, raconte le récit de deux frères, fils du même père alcoolique, qu'un psychologue avait interviewés. L'un était devenu alcoolique, l'autre ne touchait pratiquement pas à l'alcool. Le premier, qui se voyait comme victime de son éducation, répondit au psychologue que son alcoolisme était facile à expliquer :

« Voyez-vous, mon père était un alcoolique. On peut dire que j'ai appris à boire sur les genoux de mon père. » Le second répondit : *« Voyez-vous, mon père était un alcoolique. On peut dire que j'ai appris très tôt dans la vie que l'alcool peut être un poison. »*

Voilà deux frères, élevés dans les mêmes circonstances, avec les mêmes parents. Pourquoi un des frères était-il devenu alcoolique, alors que le second ne touchait pratiquement pas à l'alcool ? Nous reviendrons sur cette question importante plus loin.

Une distinction fondamentale

Dès le départ, il importe de faire une distinction qui sera fondamentale pour la suite de cet ouvrage : la distinction entre une personne qui est objectivement victime d'une situation qu'elle ne contrôle pas – un tremblement de terre, la famine née d'une sécheresse catastrophique, un parent ou un compagnon atteint d'une maladie débilitante – mais qui réagit de façon subjectivement responsable, et une autre personne qui se sent subjectivement victime des circonstances.

Définissons aussi le terme responsable, qui prête facilement à malentendu. Par responsable, nous entendons *la capacité à répondre avec intelligence, créativité et amour à toute circonstance qui se présente*.

On peut donc assumer la responsabilité d'une situation, sans admettre de culpabilité. Ainsi, je peux me sentir responsable de la façon dont j'assume un problème d'obésité ou une dette, sans me sentir nécessairement coupable du problème. J'irai jusqu'à dire que ce n'est QUE si vous ne vous sentez PAS coupable que vous avez de bonnes chances de vous en tirer. La culpabilité est LA MAFIA DE L'ESPRIT, contrairement au repentir ou au regret face à une erreur commise, qui sont des attitudes positives et adultes.

Méfiez-vous en comme de la peste. Il n'y a absolument rien de positif, ni même de nécessaire dans la culpabilité. Elle n'a pas la moindre valeur éducative. La culpabilité est une attitude à 100 % négative. C'est aussi un des mécanismes de manipulation et de domination les plus répandus sur la terre. Se complaire dans une sorte de culpabilité morbide est d'ailleurs un des mécanismes psychologiques pervers qui permet à beaucoup de personnes de ne pas assumer leurs responsabilités face à la vie.

La personne qui m'a le plus appris sur le thème victime-responsable s'appelle Roger Mc Gowen, à qui ce livre est dédié. Il est depuis 16 ans dans le couloir des condamnés à mort dans la Charles Terrell Unit, une prison à haute sécurité à Livingston, au Texas, pour un crime qu'il n'a pas commis selon des témoignages jamais présentés lors de son procès Si une personne sur la planète pouvait se justifier d'être victime, c'est Roger.

Roger est né dans Ward 5, un des pires ghettos de la ville de Houston. Élevé par sa mère, il ne fréquenta que l'école primaire. Arrêté par la police parce que le meurtrier présumé avait emprunté sa voiture, Roger eut un avocat commis d'office qui était alcoolique. Ce dernier ne visita pas une seule fois son client avant le procès et prépara sa plaidoirie sur la base du rapport de police. Il s'endormait régulièrement pendant le procès de son client. (Un juge texan a jugé qu'il n'était *pas* anticonstitutionnel pour un avocat de s'endormir pendant le procès de son client !). Plusieurs fois, l'huissier du tribunal dut aller chercher l'avocat au bar attenant au tribunal – il avait «oublié» son client. Un membre du jury qui était policier intimida les jurés pour qu'ils votent la peine de mort, bien que plusieurs membres y étaient opposés.

Roger fit appel. Pendant cinq ans, il ne reçut aucun signe de son nouvel avocat. Après cinq ans, Roger (qui n'avait droit comme les autres condamnés qu'à deux téléphones par an) réussit à atteindre l'avocat qui lui expliqua qu'il n'allait pas prendre son cas, car il était très ami avec un des policiers impliqués dans l'affaire. Cinq ans en tôle pour rien.

La première fois que je visitai Roger, en avril 1999, il était encore détenu à la tristement célèbre prison de Huntsville, Ellis One Unit, une institution où régnait une violence inouïe. En été, il pouvait y faire tellement chaud qu'un voisin de Roger y est mort de chaleur. En hiver, on y grelotte souvent. Roger me parla dans une de ses lettres d'un de ses voisins de cellule qui devait être mis à mort le mercredi. Dans la nuit du dimanche au lundi, il eut une crise cardiaque. On s'empressa de l'amener à l'hôpital pour le soigner... afin de pourvoir l'exécuter bien vivant le mercredi ! Le petit-déjeuner était servi à 2 h 20 du matin, le déjeuner entre 8-9 heures, le dîner vers 15 heures Une description détaillée de cet enfer couvrirait des pages. Pourtant, en octobre 1999, Roger pouvait m'écrire les lignes suivantes (que je reprends de mon précédent livre sur le bonheur) : *«Je crois que chacun est responsable de sa vie... À un moment, j'étais une victime, et je commençais à me sentir comme une victime, blâmant tous les autres pour mes problèmes. Mais j'ai réalisé que je devais prendre la responsabilité de mes propres actions, et que c'était la seule façon de ne plus me sentir victime... Chaque jour, je trouve quelque chose pour laquelle remercier la Providence. Quand il fait froid, et que les autres s'en plaignent et ne veulent pas sortir du lit le matin, moi je me roule en bas de mon lit et je commence à faire des pompes. Et tout le temps je remercie Dieu d'être capable d'avoir froid et de ressentir le froid. Car beaucoup de nos gars qui, l'année passée, se plaignaient du froid ne sont plus là pour s'en plaindre. [Parce qu'ils ont été mis à mort]. Chaque journée et tout ce qu'elle contient est une bénédiction... Nous sommes responsables de tout ce qui entre dans notre vie, car ce que nous laissons entrer dans nos vies forme nos vies. C'est nous qui choisissons si ces choses sont de l'enfer ou du ciel».*

En mars 2000, Roger fut transféré avec les autres détenus du couloir de la mort à la prison Charles T. Terrell à Livingston, Texas. Les conditions y sont encore bien pires. Aucun contact entre détenus (ils sont 23 heures sur 24 dans leur cellule, si on ne leur supprime pas l'heure d'exercice en solitaire dans une cage grillagée de la cour). Pendant six mois, les détenus ne reçurent aucun repas chaud (il se peut que cela continue, mais Roger ne le mentionne plus). Ils vivent complètement isolés dans des cellules de 2x3m, avec, pour Roger, une minuscule ouverture qui donne sur un mur, sans aucun horaire quotidien – les repas, l'exercice, le courrier, ne sont jamais aux mêmes heures, afin de les déstabiliser un peu plus. Ils n'ont même pas le droit de faire des travaux manuels, ce qui est contraire à la loi sur les prisons. On dirait que, dans les plus petits détails, on fait tout pour les humilier ou rendre leur vie difficile. Ainsi, ma femme Elly avait collé pour Roger, sur une belle carte postale, des fleurs alpines que nous avions pressées pour lui. L'administration de la prison les a arrachées, sous prétexte que les prisonniers ne peuvent pas recevoir de «cadeaux» ! Fin 2000, on accusa Roger d'être membre d'un gang – lui qui est un prisonnier modèle sans aucune possibilité de contact avec les autres détenus ! Pour le punir, les gardes venaient à l'improviste dans sa cellule tout jeter sens dessus dessous, voire détruire ses rares possessions (cela se produisit deux fois le jour de son anniversaire). Si on voulait scientifiquement rendre des gens fous, il serait difficile de faire mieux.

Pourtant, en janvier 2001, au milieu de ces épreuves particulièrement pénibles, Roger, à qui j'envoie le manuscrit anglais de mon livre Vivre sa spiritualité au quotidien* chapitre après chapitre (interdiction d'envoyer des livres aux détenus), m'écrivait : *«J'ai reçu* Vivre sa spiritualité au quotidien. *Dès que j'ai commencé à lire, mon fardeau a*

---

* Paru aux Éditions Jouvence, 1998. Le livre parle en détail de la pratique de la bénédiction comme technique spirituelle et comme attitude de base face à la vie.

commencé à s'alléger. J'ai fermé les yeux et dit à la Providence que je ne savais pas quelle leçon je devais apprendre, mais je savais aussi qu'Elle ne me laisserait pas souffrir ainsi sans raison. J'ai commencé à bénir tous les gardiens, particulièrement ceux qui avaient éparpillé ou détruit mes affaires. J'ai réalisé que la Providence me montrait le calme au milieu de la tempête, et qu'en réalité, il n'est pas difficile d'aimer…

Je refuse de me courber devant la haine. Ils ne peuvent pas me forcer à les haïr. Je continuerai à les bénir quoiqu'ils détruisent de mes affaires, parce qu'ils ne peuvent pas détruire l'amour que je ressens pour eux comme enfants de Dieu. Je dois leur pardonner mille fois pour le mal qu'ils font. JE NE SERAI PAS UNE VICTIME.»

Tous les trois mois, j'envoie 250-300 FS (environ 1000 FF) d'argent de poche à Roger. En effet, les détenus doivent acheter leur propre dentifrice, savon, papier à lettre, timbres, etc. Je lui ai souvent parlé d'une fondation pour les femmes et les enfants (la fondation Sommet mondial des femmes, de Genève), où je travaille comme volontaire, et qui a lancé en novembre 2000 la première Journée mondiale pour la prévention des abus contre les enfants (abus dans le domaine de la sexualité, prostitution, pornographie, etc.). Dans cette même lettre, Roger me demandait de remettre mon versement trimestriel à cette fondation, ajoutant : «*La Providence m'a tellement béni, et malgré* *tout ce que je traverse, **je n'ai aucune raison de me plaindre**.* »

Bien des gens, quand je leur lis des lettres de Roger, disent tout de suite : « Oui, mais c'est une personne exceptionnelle. » Ceci est l'argument classique qui permet aux gens de rester dans le « parking payant » (la zone de confort) de l'immobilisme et du non effort (j'expliquerai ces deux termes plus en détail un peu plus loin).

C'est une façon commode et un peu trop facile d'évacuer une information qui pourrait les remettre en question dans leur immobilisme ou leur rôle de victime, au lieu de se dire : *« Si Roger arrive à dépasser ce stade, pourquoi pas moi ? »*

Roger leur répondrait qu'il est une personne toute à fait normale, tout à fait ordinaire – *et il l'est*. Simplement, à un moment de sa vie, *il a pris la décision consciente qu'il n'allait plus jamais se considérer comme victime*. Et il tient l'engagement qu'il a pris *avec lui-même*.

Q : **Que se passerait-il dans mon existence si je prenais une décision identique ?**

Cette capacité de refuser la mentalité de victime n'a strictement rien à faire avec le niveau d'éducation, et un groupe peut la manifester autant qu'un individu. Ainsi, en 1987, j'ai entrepris un voyage de 14 000 km dans plus de 100 villages africains. Au cours de ce dernier, j'ai parlé à plus de 1300 paysannes et paysans de ce qu'ils faisaient pour s'aider eux-mêmes à éliminer leur pauvreté. En effet, ayant longuement travaillé au Sahel avec des organisations paysannes de base, connaissant leurs étonnantes réalisations, j'étais fatigué de l'image des «Africains pauvres victimes» véhiculée par les médias du Nord, et je voulais présenter une autre image de ce continent, où des millions de gens refusent la fatalité et se tiennent debout, surtout les femmes, malgré tous les obstacles.

J'ai rencontré des groupements paysans surprenants de dynamisme au milieu des pires difficultés, et qui réalisaient des projets extraordinaires avec des moyens dérisoires. Au Sud du Sénégal, en Casamance, j'ai rencontré une organisation paysanne étonnante, le Comité de lutte pour la fin de la faim (COLUFIFA), né spontanément dans un village de la région suite à une grave disette. Au lieu de réagir en victimes en se lamentant sur le temps, la Providence, le gouvernement qui ne faisait pas assez pour eux, les multinationales ou l'ex-colonisateur, ces paysans se sont mobilisés avec une énergie exceptionnelle. Ils ont d'abord fait une analyse rigoureuse et sévère (envers eux-mêmes) de leur situation, et ils se sont sentis responsables de ce qui s'était passé. Dans leur bulletin de présentation, ils mettaient l'accent avant tout sur leur propre manque de volonté – manque de volonté d'agir avec les ressources à leur disposition, manque de volonté d'épargner, manque de volonté de stocker les vivres de façon efficace, et surtout manque de gestion rigoureuse à tous les niveaux. Ils ajoutaient : *« La famine persiste parce que nous la croyons inévitable et que nous nous croyons impuissants à changer les choses. Cette mentalité doit être dépassée ; la première étape à franchir, c'est de susciter une prise de conscience du pouvoir de chacun d'agir et un désir individuel de le faire... Nous sommes en train de nous battre pour montrer qu'à partir de nos petites possibilités, nous sommes en mesure de réaliser des choses incroyables.* «*Car avant tout, il faut croire que c'est possible de mettre fin à la faim. Il faut avoir cette croyance profonde et ce désir profond d'éliminer la faim. À partir de ce moment, on a le courage et l'engagement nécessaires pour susciter des actions dans ce sens.* »

Ce qui est surprenant dans cette déclaration est que ces paysans mettent en question non une situation matérielle que certains décriraient comme objective («nous pauvres victimes des aléas climatiques» - ce qui était bien réel – « et du manque de soutien efficace du gouvernement» - tout aussi réel) mais *leurs propres fausses croyances*. Et la solution, ils la mettaient également avant tout au niveau de leur croyance ou conviction : ils se sentaient capables de vaincre la famine, malgré tout les obstacles. C'est cette conviction qui les transformait de victimes passives de leur sort en agents responsables de leur salut. Il n'est pas surprenant d'apprendre que leur slogan était le proverbe ouoloff, *« Le manque de moyens est déjà un moyen »*, qui fait penser au proverbe arabe : *« Celui qui veut faire quelque chose* [= la personne responsable] *trouve un moyen, celui qui ne veut rien faire* [= la victime] *trouve une excuse.* »

Une des personnes les plus remarquables que je rencontrai pendant ce long périple fait en taxi brousse, vélo, voiture, canoë, train, charrette, moto, fut une femme dénommée Tédy Bah, rencontrée dans le village de Cambousséma, à la frontière de la Gambie. Tédy, dont le groupement de femmes villageoises était membre du COLUFIFA, avait démarré un jardin potager, une nouveauté pour une région qui auparavant ne cultivait que peu ou pas de légumes. Elle m'expliqua qu'elle vendait les surplus au marché le plus proche. À ma totale stupéfaction, j'appris que le marché était à… 35 km de son village ! Elle marchait donc 70 km pour un bénéfice moyen (à l'époque) de 2.50 FS ou 10 FF – de quoi acheter un litre d'huile ou 750 grammes de sucre. Certains jours, elle ne faisait pratiquement pas de bénéfice. Elle partait lourdement chargée de chez elle, vers 4-5 heures du matin, arrivait vers midi au marché, vendait ses produits, y dormait à même le sol, et rentrait le lendemain matin. Elle me disait cela comme la chose la plus naturelle du monde, son beau sourire illuminant son visage peuhl si fin, avec ce mélange si africain de gentillesse et de dignité que l'on rencontre chez tant de paysannes de ce continent.

Le concept même de victime n'existait plus dans le programme mental de Tédy.

Q : Question que nous pose Tédy : que se passerait-il dans nos vies si la notion même de victime n'existait pas dans nos concepts ?

Ou écoutez encore ces paroles que me disait Dondo Peliaba, le chef de village de Minti, au pays Dogon. Cette région avait été particulièrement éprouvée par la sécheresse. J'ai passé une matinée à recenser avec les paysans de la région tous les arbres qui avaient disparu ou étaient en voie de disparition à cause de cette dernière. Dans ce village, beaucoup de familles ne mangeaient qu'un repas par jour. Par moments, les habitants en avaient été réduits à faire de la soupe avec des herbes et des feuilles. Objectivement parlant, ils étaient de vraies victimes. Pourtant, cet homme me disait : *« Avec l'abondance, chacun labourait pour soi. La sécheresse nous a amenés à faire des diguettes anti-érosives pour protéger nos champs. Nous avons découvert des plantes qui poussent plus rapidement. Avant, nous ne cultivions pas le haricot. Maintenant, c'est devenu une de nos principales cultures vivrières. La faim est devenue un maître qui nous a appris à réfléchir et à inventer. »*

Subjectivement, ces victimes objectives s'étaient responsabilisées face à leur sort. Elles me font penser à ce proverbe chinois qui dit : *« On ne peut empêcher les oiseaux de malheur de tourner autour de nos têtes, mais on peut les empêcher de faire leurs nids dans nos cheveux. »*

Q : Est-ce que je vois systématiquement les difficultés de ma vie comme des maîtres ?

La fondation Sommet mondial des femmes (mentionnée ci-dessus) accorde chaque année un Prix pour la créativité des femmes en milieu rural, qui est donné à une trentaine de femmes rurales du monde entier, surtout dans les pays du Sud et de l'Est. C'est mon privilège, en tant que volontaire, de pouvoir lire les dossiers de candidature qui affluent du monde entier. Je suis chaque année stupéfait du courage et de la créativité de femmes tout à fait ordinaires et modestes, qui réalisent des choses étonnantes, et ce d'abord parce qu'elles refusent de se voir comme victimes du « système », des circonstances de leur vie, de leur caste, de leur race, de leur pauvreté ou du manque de moyens. C'est un choix que chacun, chacune peut faire à un moment ou un autre de sa vie : *vais-je me voir comme victime ou comme responsable ?* C'est peut-être la décision la plus fondamentale que nous puissions prendre dans l'existence.

La grande amie de la mort – si j'ose décrire ainsi cette femme étonnante que fut la psychiatre suisse de renommée internationale, Elisabeth Kübler-Ross, spécialiste de l'accompagnement des mourants – faisait écho aux paroles du chef de village quand elle écrivait : « *Si seulement vous réalisiez que rien de ce qui vient sur votre chemin n'est négatif, je dis bien absolument rien… Ce ne sont que des cadeaux qui vous sont faits – des occasions qui vous sont données de grandir. Ceci est le seul but de l'existence sur cette planète terre. Vous ne grandirez pas si vous restez dans un jardin de fleurs merveilleux où on vous amène une nourriture superbe sur un plateau d'argent. Mais vous grandirez si vous êtes malades, si vous souffrez, si vous perdez des choses ou personnes importantes et que vous ne mettez pas votre tête dans le sable, mais accueillez la douleur et apprenez à l'accepter, non comme une malédiction ou une punition, mais comme un cadeau qui a pour vous un but très, très précis. »*

Quand je pense à ma propre vie, les trois principales épreuves que j'ai eues à affronter se sont toutes trois transformées en les plus importants cadeaux de la vie.

Je me suis marié une première fois avec une jeune américaine que j'avais auparavant connue en Algérie, et qui avait elle-même vécu un mariage bref mais très douloureux. Les deux années pendant lesquelles nous nous sommes fréquentés furent en dents de scie, mais j'avais refusé d'écouter les signaux d'alarme et les feux rouges qui s'allumaient. Je dis souvent en riant que j'ai battu tous les records d'Hollywood, parce qu'une semaine après le mariage, mon épouse me disait qu'elle s'était trompée, qu'elle n'aurait pas dû m'épouser. Je vivais à l'époque à Dakar, où je n'avais pas un seul ami proche. Elle est rentrée aux USA, chez son ex-mari chez qui elle est restée dix jours, avant de le quitter.

Peu de temps après, elle me téléphone pour me dire que la plus grande erreur de sa vie était de m'avoir quitté. C'était le mois d'août. Je propose de se revoir à Noël, chez elle, pour réparer les pots cassés. Dès mon arrivée chez elle, elle m'apprend… qu'elle a un ami ! Après dix jours impossibles où je souffris les affres de la jalousie, un sentiment pas très plaisant, je la quittai et nous avons divorcé à l'amiable.

Cette expérience me mit face à moi-même. J'appris deux des leçons les plus importantes de ma vie :

❶ Que chaque être est complet en lui-même. Le mariage ne peut pas nous rendre plus complet ou riche que nous ne sommes. Le mariage, ce n'est pas deux demi-assiettes qui se collent ensemble pour faire une assiette complète. Ce sont deux assiettes qui se recouvrent en partie pour enrichir une abondance d'être, une plénitude *déjà présente*.

❷ On ne peut jamais posséder quelqu'un. Les meilleurs mariages sont ceux où chaque partenaire respecte totalement la liberté de l'autre partenaire – pas la liberté de faire n'importe quoi, mais la liberté de s'exprimer pleinement à sa façon unique.

Si j'ai la chance d'avoir aujourd'hui un mariage qui dépasse tout ce que je pensais possible dans une relation à deux, c'est en grande partie grâce à ces merveilleuses leçons. Et – c'est la cerise sur le gâteau – j'ai une relation très amicale avec mon ex-épouse qui, longtemps après notre divorce, m'a aidé à passer un des caps les plus critiques de ma vie.

Trente mois de chômage sans indemnités constituèrent le deuxième grand apprentissage. J'avais largement dépassé la cinquantaine. Ce fut une période de lutte difficile – une des plus dures de ma vie – qui en plus coïncida avec des attaques de dépression très agressives. Après 22 mois sans le moindre signe d'embauche sérieux, je rachetai mon assurance vie et me mis six mois à mon bureau pour créer les ateliers *Vivre Autrement*, lancés en 1993 (voir une brève description à la fin de ce livre). Depuis 1993, j'ai le privilège d'animer ces ateliers qui sont un bonheur total et de voir des gens se transformer, parfois profondément, comme cette jeune femme qui arriva complètement renfermée sur elle-même un vendredi soir pour un atelier sur l'image de soi, et repartait deux jours plus tard le visage ouvert et rayonnant la sérénité. Beaucoup de participants reviennent, certains plusieurs fois. Ce grand bonheur n'aurait jamais vu le jour si je n'avais pas auparavant passé à travers un désert hostile, et que je n'avais assumé la responsabilité totale pour ma vie.

Un troisième cadeau que me fit la vie fut une période de sept années d'attaques de dépression. Sur le moment, bien sûr, c'était parfois impossible de la considérer comme un don. Mais j'étais tellement convaincu que la vie était une école, et que tout ce qui nous arrive survient exactement au moment opportun pour nous apprendre exactement la leçon qu'il nous faut, que j'ai pu tenir bon. (Je dois ajouter que près de 20 ans de guérisons dues à un enseignement spirituel dont j'avais pu mesurer l'efficacité m'encourageaient dans cette voie.)

Je ne vais pas décrire le cheminement parcouru, sauf pour un point, qui a directement trait au thème de ce livre. À mi-parcours de ces sept ans, je tombai sur un passage d'un des grands livres sacrés de l'humanité qui soulignait que le Principe d'harmonie qui dirige l'univers rend notre voie parfaite.

J'ai donc décidé de prendre cette affirmation comme prémisse ou postulat de ma vie. Un postulat est un argument qu'on pose comme base d'un raisonnement, sans le justifier. Quelques exemples : en mathématiques, 1+1 = 2, en philosophie : la réalité existe, ou le fameux : *« Je pense, donc je suis »* de Descartes.

Il y a de nombreuses années que j'ai vaincu ces attaques de dépression. J'en suis sorti bien plus fort, avec deux convictions qui constituent le fondement de ma vie :

❶ On n'a pas besoin d'être victime de quoi que ce soit, même de quelque chose d'aussi apparemment débilitant que la dépression, contre laquelle la médecine moderne semble presque totalement désarmée.

❷ Nous habitons un univers dont la trame est fondamentalement parfaite.

Cela peut paraître aberrant de parler ainsi dans ce monde de guerres, d'injustices criantes, de famines et de pandémies monstrueuses comme le sida, ce monde où près de la moitié de la population survit avec moins de deux dollars par jour, alors que 356 multimilliardaires se prélassent avec un revenu équivalent à celui de 45 % de la planète. Mais le monde d'injustice que je viens de décrire existe au niveau de notre perception sensorielle, matérielle de la réalité. Or, nos cinq sens ne nous livrent qu'une minuscule partie de l'énigme de l'univers. Pire, ils semblent brouiller les pistes plus qu'autre chose. Peut-être existe-t-il d'autres réalités que celles que nous livrent nos cinq sens, d'autres niveaux de conscience que ceux auxquels on accède fort laborieusement par le raisonnement cartésien rationnel et logique (ce dernier a son rôle, bien sûr, mais, dans la tradition occidentale, on l'a privilégié aux dépens d'autres approches du réel qui sont plus présentes dans d'autres cultures et traditions).

Ainsi le physicien américain Fred Alan Wolf, dans son ouvrage « *Parallel Universes* » (Les univers parallèles) développe l'idée qu'il existe peut-être des univers parallèles qui coexistent avec le nôtre, où vous et moi existons en cet instant même, mais soumis à des lois totalement différentes. Ne rejetez pas l'idée sous prétexte qu'elle semble vraiment trop invraisemblable.

Rappelez-vous que les esprits sont comme les parachutes : ils fonctionnent mieux quand ils sont grands ouverts. Ne fermez pas votre parachute juste au moment où vous pourriez recevoir un outil crucial pour surmonter définitivement la tentation de vous sentir victime.

En effet, *la conviction que nous habitons un univers dont la trame est parfaite constitue l'outil ultime, définitif, pour surmonter la croyance que l'on peut être une victime à son insu,* que l'on doit subir passivement les coups du sort ou de son mari (au sens propre et figuré), les aléas de la vie ou toute autre chose à laquelle la mentalité de victime se résigne d'habitude.

On demandait à Einstein, *« Quelle est la question la plus importante que l'on peut poser concernant l'avenir de l'univers ? »* Einstein répondit (en anglais), *« Is the universe friendly ? »* l'univers est-il un endroit accueillant, hospitalier, amical, ouvert ? (toutes ces notions sont incluses dans le mot anglais « friendly », qui, ici, signifie beaucoup plus qu'amical). Il avait la conviction profonde que l'univers est régi par une loi d'harmonie fondamentale, conviction que partagent beaucoup plus les gens qui maîtrisent leur vie que ceux qui se sentent victimes.

Q : Quel regard est-ce que je porte sur les épreuves de la vie ? Est-ce que je les considère comme des tuiles – ou des cadeaux ?

Je pourrais multiplier les exemples de personnes tout ordinaires – et vous en connaissez autour de vous – qui réalisent des choses extraordinaires, simplement parce qu'elles refusent de se sentir victimes.

Chapitre 2

Victime ou responsable :
les caractéristiques psychologiques

Soulignons tout de suite qu'il y a fort peu de personnes qui sont à 100 % responsables ou à 100 % victimes. Pourtant, il est plus facile d'être totalement responsable que totalement victime, parce qu'une personne totalement victime ne survivrait pas dans ce qui est pour beaucoup de gens la course d'obstacles de la vie. De plus, la notion de victime recouvre plus une mentalité qu'elle ne décrit des personnes. Chacun de nous, à un moment ou un autre de la vie, s'est probablement senti victime de certaines choses, et c'est sans doute encore le cas de certains lecteurs ou certaines lectrices de ce livre. Tout comme une personne qui se comporte habituellement en victime peut avoir un sursaut d'énergie ou de révolte si les conditions l'exigent.

Commençons par la victime. La principale caractéristique des personnes victimes, c'est qu'elles subissent une certaine situation – ou plutôt qu'elles *acceptent de subir*, car subir est une décision, sauf dans le cas d'une mentalité enfantine.

Parmi les autres caractéristiques, mentionnons : la soumission et la résignation, le fatalisme ; la victime s'apitoie sur elle-même, se plaint, est aigrie, révoltée, plutôt apathique et passive, voire déprimée ; elle est souvent défaitiste et évasive, se sent écrasée, est peu objective et plutôt fermée ; elle se remet rarement en question, est centrée sur elle-même, se sent impuissante, cherche l'approbation des autres, s'appuie sur des autorités extérieures à la sienne, est plutôt pessimiste. Elle rend souvent les autres responsables de ses problèmes. Elle voit ce qui ne marche pas (la tasse à moitié vide), plutôt que ce qui pourrait marcher (la tasse à moitié pleine). Elle cherche des excuses plutôt que des possibilités... la liste pourrait s'allonger.

Vous êtes-vous reconnu dans certains de ces traits ?

Nous avons presque tous, à certains moments de notre vie, des réactions de victime, souvent inconsciemment. Ainsi, les expressions suivantes sont fréquemment caractéristiques d'une réaction de victime :

- pourquoi cela m'arrive-t-il tout le temps à moi ?
- cela me met dans tous mes états
- ce n'est pas juste
- je t'ai déjà dit mille fois de
- j'abandonne (la partie)
- ce n'est pas ma faute
- je n'y peux rien

- il me fallait bien cette tuile
- je n'ai jamais une minute à moi
- pourquoi moi ?
- le travail d'une mère/femme n'est jamais fini
- si tu faisais ta part, cela irait mieux
- si tu savais comme j'ai souffert
- je suis absolument débordé-e
- il/elle m'a forcé-e à
- y'en a marre de
- regarde ce que tu m'as fait faire
- après cela, je ne peux plus croire en Dieu
- c'est vraiment la dernière chose que j'attendais
- il est parti sans me donner le moindre avertissement
- qu'est-ce que tu veux, quand je passe devant cette pâtisserie (ce bistro, ce magasin de mode…), je craque
- si vraiment tu m'aimais, tu…
- c'est toujours moi qu'on accuse
- tu dis toujours cela – tu ne dis jamais merci
- je cours toujours après le temps
- ça recommence encore
- chaque fin de mois, je me retrouve fauché-e
- tu ne penses qu'à toi
- les autres passent toujours en premier
- on doit toujours faire ce que toi tu veux
- j'ai pourtant prié matin et soir
- comment veux-tu aller contre le système
- au dernier moment, ma santé m'a lâché-e
- il est sorti de nulle part et m'est rentré en plein dedans, etc.

Cette liste pourrait couvrir des pages entières ! Composez la vôtre, cela produira certainement chez vous un déclic de reconnaissance : tiens, dans telle ou telle situation, je répète toujours cette expression qui me montre que je subis plus qu'autre chose.

Les expressions de victime que j'utilise :

…………………………………………………

…………………………………………………

…………………………………………………

…………………………………………………

………………………………………… etc. !

Je doute fort qu'il existe un seul lecteur, une seule lectrice qui n'a jamais dit une de ces phrases, ou une phrase s'en approchant.

Soulignons pour dissiper tout malentendu que peu de personnes sont toujours à 100 % responsables de leur vie, dans toutes les circonstances – du moins je n'en ai jamais rencontré une – et encore moins de personnes se diraient 100 % victimes. Selon les circonstances de la vie, chacune, chacun de nous est un mélange des deux attitudes. Mais certaines personnes se complaisent – consciemment ou inconsciemment - dans le rôle de victimes, alors que d'autres recherchent systématiquement le pôle de la responsabilité, qui, SEUL, permet de progresser.

La personne responsable est à l'opposé des caractéristiques et affirmations ci-dessus. Je ne vais pas les reprendre dans leur dimension inverse, si ce n'est pour souligner qu'un des principaux traits de la personne responsable est qu'elle cherche toujours des solutions, plutôt que des excuses pour l'inaction. Le petit texte suivant oppose les deux attitudes – car, une fois de plus – les mots «victime» ou «responsable» désignent des attitudes plutôt que des personnes :

Victime ou responsable ?

La personne responsable agit – la victime réagit.

La personne responsable cherche la solution des problèmes – la victime voit immédiatement le problème dans la solution proposée.

La personne responsable a toujours un programme – la victime avance sans cesse des excuses.

La personne responsable dit : *«Laissez-moi faire ceci pour vous»* - la victime clame, *«Ce n'est pas mon affaire»*.

La personne responsable dit : *«Ce n'est pas facile, mais c'est possible»* - la victime se lamente : *«C'est peut-être possible, mais c'est trop difficile»*.

La personne responsable est toujours disponible – la victime toujours surchargée.

J'ai fait allusion plus haut aux zones de confort, ou «parkings payants». En termes psychologiques, ces deux concepts se réfèrent à des attitudes mentales qui permettent aux gens de ne plus progresser, d'inventer des excuses pour un certain immobilisme. Les victimes sont typiquement des personnes qui sont garées dans des parkings payants, souvent très chers, y compris au niveau de la santé. Je les appelle «payants» parce que même si ces parkings peuvent être temporairement confortables – la voiture parquée n'affronte pas les risques du voyage – y séjourner est à la longue extrêmement onéreux en termes de développement personnel, de progrès dans la vie.

Toutes les étiquettes négatives que nous nous collons constituent autant de parkings payants qui nous maintiennent sur place, style *«je suis paresseux, peu sportif, trop grosse, peu doué en langues, colérique, etc.»*. Nous avons tous nos zones de confort – une des miennes est une résistance à certaines technologies. Trop souvent, une fois qu'une personne est installée dans un parking payant (qui constitue, à un niveau subtil et souvent inconscient, une attitude de victime), elle fait tout ce qu'elle peut pour y rester, quitte même à résister au changement positif. Une personne qui gagne peu se créera toutes sortes d'excuses pour justifier son salaire modeste, une personne qui souffre d'un excès de poids finira par s'installer dans l'image qu'elle a d'elle-même comme obèse, de même que la personne qui attrape le rhume des foins chaque printemps s'installera «confortablement» dans l'image qu'elle a d'elle-même comme allergique.

Ces parkings payants constituent le grand ennemi du potentiel humain. Brian Tracy, un spécialiste du développement personnel, écrit qu'ils « *deviennent des habitudes de vie et de pensée qui sont difficiles à changer, car toute habitude qui a persisté un certain temps tend à devenir une ornière. Alors au lieu d'utiliser notre intelligence pour sortir de l'ornière, nous utilisons la plupart de nos énergies pour rendre l'ornière plus confortable* ».

Q : Quels sont actuellement les parkings payants dans ma vie ?

Nous allons maintenant introduire ce qui pourrait devenir un des outils les plus puissants pour vous aider à surmonter les attitudes de victime. Je vous suggère de travailler avec cette affirmation tous les jours, à haute voix, en la répétant lentement, jusqu'à ce que vous l'ayez vraiment assimilée et faite vôtre. Au début, vous aurez peut-être à surmonter certaines résistances. Persistez malgré tout. Elle pourrait vous aider à transformer votre vie dans un des domaines les plus fondamentaux pour votre croissance personnelle. Photocopiez-la. Mettez-la sur le miroir de votre salle de bain, votre table de chevet, là où vous la verrez chaque jour.

MA DÉCLARATION DE RESPONSABILITÉ FACE A LA VIE

• J'accepte complètement et sans aucune arrière pensée que tout ce qui s'est jamais produit dans ma vie, et ce qui arrive en ce moment dans mon existence, et tout ce qui peut se produire dans l'avenir, me fournit des occasions précieuses pour apprendre et grandir. Personne d'autre n'est à blâmer pour la négativité ou la douleur dont ma nature émotionnelle fait l'expérience. Je ne chercherai aucune exception à cette croyance, même quand la cause apparente de mon problème est totalement indépendante de moi.

• Je chercherai à toujours assumer entièrement ma responsabilité, tout en refusant la culpabilité. Plutôt que de chercher des excuses pour ce qui marche mal, je m'efforcerai de comprendre ce qui se passe, puis chercherai des moyens pour corriger la situation. J'assume la responsabilité entière de mes choix. J'affirme que nulle personne ou situation ne peut me faire sentir inférieur-e, rejeté-e, inadéquat-e sans mon consentement – et que j'ai le libre choix de donner ou de refuser ce consentement.

• Je refuse la croyance au hasard, qui est un des principaux mécanismes de déresponsabilisation dans notre culture. Je suis conscient que je crée ma propre réalité par ma façon d'accueillir et d'interpréter les événements de la vie. Dans toutes les circonstances de la vie, je chercherai systématiquement les moyens et les solutions plutôt que les excuses et les refuges. Je préférerai l'ouverture et le risque plutôt que la passivité et la sécurité.

• Je choisis de me respecter totalement, en toutes circonstances, quelles que soient les erreurs que je puisse commettre, et d'accorder ce même respect à toute forme de vie – humaine, animale ou végétale - que je rencontre.

• Je dis OUI à la vie, OUI, OUI et ENCORE OUI.

Prenez un domaine où vous vous sentez vraiment victime – votre situation financière, votre santé, votre relation de couple – en reformulant certains passages. Cela pourrait donner ceci par exemple :
(Paragraphe 2) J'assume l'entière responsabilité de ma situation financière, passée, présente et future, tout en refusant toute culpabilité démobilisatrice dans ce domaine.
(Paragraphe 3) Je suis conscient que j'ai créé mes difficultés financières par mes propres comportements, et je suis fermement décidé à les corriger. Dorénavant, je chercherai systématiquement les moyens et les solutions pour redresser la barre et atteindre la prospérité, etc.

Ce ne sont pas les mots exacts de ces affirmations qui comptent, mais l'esprit de cette déclaration. Travaillez-la, modifiez-la, pour qu'elle corresponde à ce que vous ressentez, à ce qui a un sens pour vous.

Chapitre 3

Choisir d'être responsable

Un des jours les plus importants de ma vie fut le jour où je me suis mis face à une grande baie vitrée dans notre appartement qui donne sur une vue dégagée superbe. Pendant plusieurs minutes, j'ai répété à haute voix, lentement, en pesant mes mots : « *Je suis entièrement responsable de tout ce qui entre dans ma vie.* » Responsable, non au sens de l'avoir causé mais d'être capable de réagir ou d'y répondre avec intelligence, créativité et amour.

Être responsable est un choix que nous pouvons faire. Pour certains, grâce à l'éducation qu'ils ont reçue, ce choix vient plus facilement qu'à d'autres. Mais, sauf en de rarissimes exceptions – des cas de débilité mentale par exemple – il est possible de faire ce choix.

Vous rappelez-vous les deux frères dont nous avons parlé tout au début de cet ouvrage ? Quelle était la différence marquante entre les deux, qu'est-ce qui a expliqué leurs orientations de vie si opposées ? Elle est simple : celui qui a normalement progressé a *fait le choix conscient* de ne pas être comme son père. L'autre n'a pas fait ce choix. Ou plutôt, il a fait le choix passif de rester dans son parking payant, choix qui, à la longue, se révélera extrêmement coûteux. En effet, tôt ou tard, dans cette vie ou dans la nouvelle forme de vie qui sera la nôtre après la mort, nous devrons tous atteindre notre plus haut niveau de compétence. Et plus nous restons dans un rôle de victime, plus le réveil risque d'être difficile.

Q : Y a-t-il dans ma vie un domaine où je repousse un choix que je devrai malgré tout faire un jour ?

Au moment d'écrire ces lignes, je visite à la prison de Champ-Dollon à Genève, un jeune détenu des Balkans qui est en prison pour une histoire de trafic de drogue. (Les visiteurs sont des bénévoles qui visitent les détenus à la demande de ces derniers. Souvent en effet, le visiteur est le seul contact que le détenu a avec le monde extérieur). Il aurait vraiment le « droit » de se sentir victime de la vie. Jeté dans la rue par un père alcoolique à l'âge de 10 ans, il a vécu la vie des enfants de la rue : pas d'école ou de domicile fixe, des menus larcins qui devenaient de plus en plus sérieux avec l'âge, car c'était la seule façon de s'attirer l'estime de la bande. Puis, tout lentement, la dérive vers le trafic de la drogue.

Depuis des années que je fais ce travail, jamais un détenu ne m'a touché à ce point. *« Toutes ces années, cette souffrance s'est accumulée dans mon cœur,* » me dit-il. « *Maintenant, pour la première fois, elle peut sortir.* » En prison, il a fait le point de sa vie et il a tout simplement décidé de changer de vie. Au lieu de se voir comme victime de son passé, des circonstances si dures de sa vie, il a décidé de devenir un citoyen travailleur et respecté. Je ne doute pas un instant qu'il réussira.

La vie nous place constamment devant des choix, jour après jour, heure après heure. On pourrait même dire que *vivre, c'est choisir*, surtout dans la société de consommation où le nombre de choix à tous les niveaux devient si élevé que cette multiplicité constitue en elle-même un nouveau défi. Or, il y a trois libertés ou choix qui sont particulièrement vitaux pour la personne qui veut devenir totalement responsable de sa vie.

Première liberté : le choix de nos croyances.

Absolument tout ce que nous faisons dans la vie résulte de certaines croyances – et cela bien au-delà de tout ce que la plupart des gens pensent. Même nos fonctions physiologiques sont en grande partie conditionnées par nos croyances. Dans son best-seller international sur le vieillissement, *« Un corps sans âge, un esprit immortel »* (Interéditions, Paris), l'endocrinologue Deepak Chopra donne un exemple frappant de ceci.

Un professeur de l'université de Harvard aux États-Unis, Dr Ellen Langer, réunit en 1979 une centaine de personnes de 75 ans et plus dans un centre de rencontre arrangé pour recréer fidèlement le décor de 1959 – vingt ans plus tôt.

Tous les participants subirent une série de plusieurs dizaines de tests médicaux mesurant le vieillissement. Ils reçurent la consigne de se remémorer ce qu'ils faisaient il y a vingt ans plus tôt et de parler à longueur de journée au présent de l'indicatif, *comme s'ils étaient en train de vivre en 1959.*

Un groupe de contrôle du même âge, vivant dans le même lieu, reçut la consigne de vivre et parler «normalement», comme en 1979. Au bout de quelque temps, les participants du premier groupe montraient des signes évidents de rajeunissement ! Leur mémoire et leur dextérité s'étaient améliorées, ils étaient devenus plus actifs et autonomes, leurs visages avaient visiblement rajeuni, leur posture s'était redressée, pour ne mentionner que quelques signes du rajeunissement physiologique.

Les croyances que les premiers avaient entretenues au sujet de leur âge avaient changé leur physique !

Q : Est-ce que je pense que je pourrais influencer de façon significative mon vieillissement par les idées que j'entretiens sur moi-même ?

Dans tous les domaines de la vie, que ce soit au niveau de nos habitudes alimentaires ou vestimentaires, de notre vision de l'univers, de nos mœurs ou de nos croyances sur le bonheur, etc. ce que nous faisons découle de nos croyances A chaque moment de la vie, nous avons le choix d'améliorer nos croyances dans tous les domaines – sur la relation conjugale, l'éducation des enfants, la religion, etc.

Nous pouvons rejeter, consciemment, certaines croyances et les remplacer par d'autres croyances qui nous procurent plus de paix et de bonheur. Un mangeur de viande peut devenir végétarien. Un militaire peut se convertir au pacifisme, comme l'ancien général britannique Harbottle qui créa une association de généraux contre la guerre. Un croyant peut se convertir à l'athéisme et vice-versa.

Pour ceux qui voudraient approfondir ce thème de la remise en question des croyances, je ne saurais que recommander le livre superbe de Michael Misita, *« Se libérer des systèmes de croyances »* (Ed. Jouvence), un des plus importants livres de développement personnel que j'ai jamais lus. Trop souvent, nous sommes les victimes de croyances que nous avons reçues, sans jamais avoir pensé à les remettre en question.

Q : **Faites une liste écrite de vos principales croyances, dans tous les domaines : moral, comportements physiologiques, finances, rapports humains, vision de l'histoire et de l'univers, etc. Puis demandez-vous : pourquoi est-ce que je crois ceci ? Pourrais-je améliorer cette croyance ? Qui, ou qu'est-ce qui m'empêche de le faire ? Les résultats pourraient être surprenants.**

Deuxième liberté : chacun de nous choisit d'interpréter tous les événements, toutes les rencontres, toutes les circonstances de sa vie selon sa propre grille d'interprétation.

La réalité objective n'existe pas, c'est un des plus grands mythes de l'existence, même dans le domaine scientifique - comme l'ont souligné d'éminents chercheurs, tel le scientifique gallois Lyle Watson. Même un savant dans son laboratoire observe la réalité à travers le filtre de ses théories scientifiques (qui changent sans cesse), de ses croyances au réel, de sa vision de la matière, etc. Chacun de nous crée sa grille d'interprétation du réel, de la vie, en fonction de son éducation, des expériences de vie, de ses croyances, de sa culture et de son milieu social, de ses besoins et désirs latents, de ses filtres subconscients, etc. En d'autres termes, *chacun de nous crée sa propre réalité*, au-delà de tout ce que nous imaginons.

Une illustration humoristique de la façon dont nous créons notre propre réalité nous est offerte par le curé d'Ars, un saint homme du XIXe siècle. Ce dernier écrivait à propos des poires : *« On devrait interdire ce fruit diabolique, car il est cause de certains débordements du corps et de l'âme et peut engendrer la débauche. Tout bon chrétien devrait le proscrire »*. Sans doute le sevrage sexuel dont souffrait ce curé était-il la cause de fantasmes sexuels qui devaient l'effrayer, tout comme nombre de ses collègues. Ainsi ces innocentes poires devaient-elles lui rappeler certaines rondeurs du corps féminin.

De nombreuses recherches dans le domaine de la perception et de notre construction du «réel» montrent, au-delà de toute contestation, que *nous voyons beaucoup plus ce que nous croyons que nous ne croyons ce que nous voyons*. Nous voyons ce que notre culture et notre expérience de vie – nos lunettes colorées - nous permettent de voir.

Une illustration de ceci est l'expérience du capitaine Cook en Australie. Il arriva dans une grande baie où des aborigènes pêchaient tranquillement dans de petits canots. À l'arrivée de l'imposant navire anglais, aucun des indigènes ne sembla même le remarquer. Cook et ses hommes en furent stupéfaits. Alors Cook ordonna de baisser des canots avec des membres de l'équipage. La minute où les canots touchèrent la mer, tous les indigènes poussèrent des hurlements et s'enfuirent vers le rivage. Rien dans leur expérience culturelle passée ne les avait préparés à voir «l'immeuble flottant» qu'était pour eux une caravelle. Magellan eut une expérience similaire quand il arriva en Terre de Feu.

AUCUN ÉVÉNEMENT N'A DE SENS EN SOI. Un fait, un événement, une perception sensorielle quelle qu'elle soit, une idée, n'a pas de sens «brut». Ils ont tous besoin d'une *grille d'interprétation* pour prendre un sens. Notre regard est recouvert d'une série de filtres qui sont comme des verres de couleur – sensoriels, linguistiques, socioculturels, psychologiques, métaphysiques, etc. – qui nous font voir et interpréter les événements en fonction de notre expérience de vie et de nos croyances. La victime a une grille d'interprétation particulière de la vie qui lui fait voir les choses d'une certaine façon, tout comme la personne responsable. (Et nous rappelons que « victime » et « responsable » désignent en fait des attitudes de pensée plutôt que des individus). Mais il est possible, toujours, de changer de lunettes… et donc de regard !

Dans son livre de contes *« Au bord du Gange »*, Martine Quentric-Séguy raconte l'histoire du jour où le Bouddha se fit insulter. En effet, un jour dans la foule venue l'écouter, se trouvait un homme que la sainteté de Bouddha exaspérait. Il hurle des insultes à Bouddha, puis s'en va, fulminant de colère.

Longeant les rizières du village, sa colère s'apaise, et petit à petit, un profond sentiment de honte l'envahit. Comment a-t-il pu se comporter ainsi ? Il décide de revenir au village et de demander pardon à Bouddha.

Arrivant devant ce dernier, il se prosterne et demande pardon pour la violence de ses propos. Bouddha, débordant de compassion, le relève, lui expliquant qu'il n'a rien à pardonner. Étonné, l'homme rappelle les injures proférées. « *Que faites-vous si quelqu'un vous tend un objet dont vous n'avez pas usage, ou que vous ne voulez pas ?»* demande Bouddha. *« Eh bien, je ne le prends simplement pas »* remarqua l'homme. *« Que fait alors le donateur ?»* s'enquiert Bouddha. *« Ma foi, il garde son objet »* répond l'homme. *« C'est sans doute pourquoi vous semblez souffrir des injures et des grossièretés que vous avez proférées. Quant à moi, rassurez-vous, je n'ai pas été accablé. Cette violence que vous donniez, il n'y avait personne pour la prendre »* répondit le sage.

Au lieu de laisser cours à sa susceptibilité et d'interpréter l'incident de façon personnelle, le Bouddha vit que ces insultes étaient le résultat d'un profond désarroi chez l'homme. On pourrait dire qu'il lui avait déjà pardonné avant même d'être insulté, car plus aucune agression ne pouvait le toucher, son ego ayant complètement disparu.

Cette liberté dans l'interprétation, le Dalaï Lama l'exprime ainsi : *« Il n'y a personne qui soit né sous une mauvaise étoile, il n'y a que des gens qui ne savent pas lire le ciel. »* Comment je lis le ciel – comment j'interprète les événements de ma vie, même les plus insignifiants – relève de mon libre arbitre, donc de mes choix.

Cela ressort dans la délicieuse petite histoire du voyageur qui rencontre un berger en train de sortir ses moutons. Il demande à ce dernier quel temps il fera. *« Aujourd'hui, il fera exactement le temps que j'aime »* dit le berger. Le voyageur continue sa route, mais la réponse du berger le travaille. Il revient sur ses pas, et demande au berger,

« Comment pouvez-vous dire cela avec une telle certitude ? » « En 30 ans, j'ai appris à aimer exactement le temps qu'il fait » fut la simple et lapidaire réponse.

Remplacez le mot « *temps* » par « *événements de la vie* » et vous avez toute une philosophie de l'existence.

Q : Comment est-ce que j'évalue le « temps » dans ma vie ? Est-ce que je l'aime exactement comme il est ?

Je voudrais que chaque être humain puisse lire *« Les mots sont des fenêtres »*, de Marshall Rosenberg (Éditions Jouvence/Syros). Il y parle des techniques de communication non-violente. L'auteur raconte un incident qu'il vécut dans un foyer de réinsertion pour enfants difficiles où il travaillait. Deux jours de suite, il reçut un coup de coude violent sur le nez en essayant de séparer deux élèves qui se battaient. La première fois, ce diplômé en psychologie dut se retenir pour ne pas riposter, dit-il. La deuxième fois, il reçut un coup au même endroit, c'était donc infiniment plus douloureux, mais il n'éprouva aucune colère. Laissons la parole à Rosenberg :

« Ce soir-là, en pensant sérieusement à cet incident, je me rendis compte que j'avais intérieurement donné au premier petit garçon l'étiquette « sale gosse ». J'avais déjà cette image de lui avant même que son coude ne m'atteigne. Au moment du choc, je n'avais pas simplement ressenti ce coup de coude, mais je m'étais dit : "Ce sale gosse se croit tout permis" ! Je

*considérais en revanche le second enfant comme un "pauvre gamin paumé". Et comme j'avais cette tendance à m'inquiéter pour lui, je ne ressentis aucune rage malgré mon nez qui saignait et me faisait encore plus mal que la veille. Cette expérience m'a aidé à comprendre que **ce ne sont pas les actes d'autrui, mais l'image et les interprétations que nous en avons à l'esprit qui provoquent notre colère** »* – ou, j'ajouterais, qui nous permettent de rester sereins.

Quand on a vraiment compris, dans son for intérieur, que TOUTE LA VIE EST INTERPRÉTATION, que nous créons littéralement notre bonheur ou notre malheur par la façon dont nous CHOISISSONS d'interpréter les événements, parce que c'est nous qui choisissons la signification que nous donnons à tout ce qui nous arrive, **on n'a plus jamais besoin d'être victime.**

Q : Est-ce que j'accepte sans arrière-pensée que je peux choisir mon interprétation du réel ?

J'ai expliqué plus haut la situation difficile de mon ami Roger qui vit dans l'enfer pénitentiaire d'une des pires prisons du Texas. Lui aussi illustre cette idée que tout découle de notre interprétation des choses. Dans sa dernière lettre, il m'écrivait : « *Oui, les choses sont beaucoup plus faciles ici, non pas parce que les gardiens ont changé, mais parce que ma façon de voir les choses a changé. Je regarde les événements avec un sens renouvelé d'amour et de compréhension. J'essaie de voir la perfection et la bonté de tous, même ceux qui me détestent. Je ne* *me vois plus comme une victime des assauts des gardiens*. Je me vois comme... capable d'aimer tout le monde, parce qu'en toute situation je cherche la leçon qu'elle contient, au lieu de les maudire quand ils sont dans leur tort... Je me sens béni et en paix, et pas une journée ne s'écoule sans que je remercie la Providence pour tout ce qu'elle m'a donné, surtout mes magnifiques amis... J'essaie de trouver de l'inspiration en toutes choses, je sais que la Providence m'a vraiment béni : je sais dans mon cœur que la Providence m'a planifié quelque chose de merveilleux... Oui, son plan pour nous tous est parfait. »*

Il convient de rappeler que ces lignes sont celles d'un homme qui fait face à la mort depuis 16 ans, dont certains des meilleurs amis ont déjà été mis à mort. Alors ou bien Roger est fou, ou bien il a accès à une sagesse qui est disponible à tous, à condition de la chercher de tout son cœur et assez longtemps.

Q : Que se passerait-il si je m'ouvrais à l'idée qu'il existe peut-être un plan merveilleux pour ma vie ?

Troisième liberté : déterminer à chaque instant notre niveau de conscience et le niveau d'attention que nous accordons aux autres et aux événements.

À chaque instant et à chaque rencontre de notre vie, nous choisissons le niveau d'attention que nous

---

* Allusion aux attaques mentionnées plus haut dont il fut victime.

sommes prêts à accorder aux personnes, aux événements et à l'environnement où nous sommes. Ceci est simplement l'expression la plus fondamentale de l'amour de soi et des autres – la pleine conscience de l'instant présent, de l'autre. L'autre jour, je voyais dans le train un jeune qui lisait, tout en mangeant et en écoutant de la musique cadencée. Ne rien faire à fond par envie de tout faire, tout étreindre – quel triste manque d'amour de soi. C'est comme ces gens au café qui mangent, fument, parlent plus ou moins à la personne en face d'eux tout en regardant d'un œil distrait la TV.

Il m'appartient de décider du niveau de conscience que j'accorde à chaque instant et chaque situation. Mon enfant me parle d'un événement qui l'a perturbé à l'école pendant que je lis le journal. Vais-je tout lâcher pour lui accorder mon attention à 100 %, ou écouter distraitement en espérant qu'il va bientôt me ficher la paix pour que je puisse continuer ma lecture ? Mon chef de service me parle d'un problème qui concerne notre département : vais-je l'accueillir avec une attention soutenue, un respect réel pour sa préoccupation, ou demeurer dans une sorte de brouillard mental formé d'ennui et d'impatience face à cet homme que j'étiquette comme incompétent ? Ma voisine de palier me parle de son dernier bobo – cela semble être son passe-temps préféré. Vais-je réagir avec une impatience mal dissimulée et quelques platitudes du style «*Mais ça ira mieux, ma chère Madame*» ou vais-je essayer de lui faire voir la vie autrement – ce qui n'est certainement pas une tâche aisée en l'occurrence.

Il est vrai que beaucoup de gens se plaignent de ne pas pouvoir maîtriser leurs pensées. Ils SONT pensés par leurs pensées, si je peux dire. Leur pensée est un squat, et vient qui veut. Ils laissent envahir leur pensée par toutes sortes d'idées, de sentiments, d'associations et d'images toutes plus farfelues les unes que les autres. Ils se sentent très littéralement victimes des mécanismes de leur pensée.

Une manière de résoudre ce problème consiste à se faire l'observateur de ses propres pensées, et à réaliser que nous ne *sommes* pas nos pensées. Sous ce jour-là, l'affirmation de Descartes, *« Je pense, donc je suis »* est un des plus grands non-sens de l'histoire de la philosophie. Comme l'écrit Eckhart Tolle dans son livre *« The Power of Now »* (La puissance du maintenant), Descartes a commis l'erreur la plus fondamentale de toutes, à savoir la mise en équation de la pensée avec l'Être, et de l'identité avec la pensée. Notre pensée (à distinguer soigneusement de la conscience) est un bruitage incessant qui juge, évalue, compare, trie, spécule, critique, commente, aime, déteste, apprécie, soupèse, théorise à l'infini. C'est une logorrhée verbale et mentale incessante. Notre pensée part presque toujours, soit du passé, soit alors elle se projette dans l'avenir, alors que *l'on ne peut exister vraiment que dans le moment présent, dans la pleine conscience de l'instant avec sa richesse infinie.*

Une autre voie pour maîtriser sa pensée repose sur l'utilisation d'affirmations spirituelles, ou *mantras* dans la pensée indienne. Il s'agit d'affirmations – qui peuvent être simplement un ou deux mots, comme «oui», «je suis», «tout est bien» - que l'on répète intérieurement pour se recentrer. On peut également se servir de toute une série de pratiques pour être présent à l'instant présent, comme être totalement présent à ce qu'on fait dans l'instant : faire la vaisselle ou le jardinage en se concentrant totalement sur son activité du moment, en ramenant constamment la pensée qui vadrouille à ce que l'on est en train de faire. C'est Bouddha qui disait que l'on devient ce que l'on pense, et peu d'affirmations sont plus correctes dans le domaine du développement personnel.

Tout est conscience, et nous nous définissons par la qualité de notre conscience, qui n'a pas besoin de mots pour s'exprimer, mais bien plus de qualités comme l'amour, la compassion, la joie, la force, la tendresse.

Après avoir réfléchi pendant des années à cette question, je suis arrivé à la conclusion que *seule l'attitude consistant à assumer pleinement sa responsabilité dans tous les domaines est une attitude adulte et qui nous permet de grandir*. D'une certaine façon, la personne qui se réfugie dans le rôle de victime reste enfant, refuse de grandir. Ce n'est pas une raison pour manquer de la plus tendre compassion à son égard. Car celui ou celle qui est coincé-e

dans une attitude de victime est une personne qui a été blessée par la vie, ou qui en a peur ; seul l'amour peut faire fondre la peur, pas le jugement.
Q : Ai-je accepté la responsabilité totale pour ma vie ?

On peut se demander comment il se fait que certaines personnes se cantonnent dans le rôle de victime. Il est clair qu'à court terme il peut y avoir un certain nombre de bénéfices à tirer de cette attitude. Les gens nous plaignent, s'apitoient sur nous, on peut recevoir une attention accrue. Certaines victimes sont passées maîtres dans l'art de manipuler leur entourage par leur maladie, un handicap, un deuil très lourd, un mauvais coup du sort, etc. Mais à long terme, une fois de plus, celui ou celle qui se cantonne dans ce rôle est toujours perdant-e, car nous sommes sur terre pour une seule raison : grandir, faire l'apprentissage de l'amour inconditionnel et des grandes lois de l'univers, devenir vraiment nous-mêmes.

Peut-être aussi que ceux qui restent dans le parking payant, la zone de confort du rôle de victime, sont des personnes qui n'ont pas pris conscience de ce fait incontournable, à savoir que chacun de nous est fondamentalement seul dans la vie. Pas solitaire, non, mais absolument seul, au sens où personne ne peut vivre ma vie à ma place. Je suis le seul à pouvoir faire mes propres choix, à assumer les risques qu'impliquent mes choix, à pouvoir me relever si je tombe. Comme le disait le pasteur et politicien noir américain Jessie Jackson à des enfants d'un ghetto de son pays : « *Vous n'êtes peut-être pas responsables d'être par terre, mais vous êtes responsables de vous relever.* » Dans la vie, il y en a qui attendent que les autres les relèvent, voire les portent sur des civières, et il y en a qui se relèvent eux-mêmes et fabriquent leurs propres béquilles avec des matériaux de fortune. À chacune, à chacun de nous de choisir la catégorie à laquelle il veut appartenir. Mais tôt ou tard, nous devrons tous devenir totalement responsables de notre existence, que ce soit avant ou après la mort. C'est la loi fondamentale de l'univers. Alors autant prendre de l'avance dans cette école primaire de l'existence qu'est la vie sur terre !

Chapitre 4

La seule chose dont je puisse être victime

En fin de compte, la seule chose dont je puisse vraiment être victime est de moi-même, de la croyance que je puisse être *subjectivement* victime de quelque chose sans mon consentement. En d'autres termes, *je ne peux être victime que de mes fausses croyances*.

Une pensée que l'on trouve chez de plus en plus d'auteurs contemporains dans le domaine du développement personnel est l'idée que nos seules limites sont notre croyance à l'existence de limites. Pratiquement toutes les personnes que je connais – et cela inclut l'auteur de ces lignes – s'auto-limitent elles-mêmes par toute une série d'étiquettes que nous avons déjà mentionnées et qu'elles se sont collées à elles-mêmes, ou que leur entourage leur a collées et qu'elles ont accepté de garder. Or, se définir par une étiquette négative, c'est se définir par son passé, c'est s'empêcher soi-même d'évoluer, c'est se mettre soi-même dans un rôle passif, donc de victime. Le philosophe danois

Soeren Kierkegaard, un des pères de l'existentialisme moderne, disait : « *Quand vous m'étiquetez, vous me niez.* » On pourrait le paraphraser en disant : « *Quand je m'auto-étiquète (négativement), je me diminue moi-même.* » Dans « *Vos zones erronées* », le psychologue américain Wayne Dyer souligne que les étiquettes permettent d'éviter l'effort, d'éviter de prendre des risques ou de changer, DE SE RESPONSABILISER. Elles perpétuent les comportements qu'elles ont engendrés, et, par là même, les ornières de l'habitude. « *Toutes vos images de marque* » écrit-il, « *sont des comportements d'évasion actifs, et vous pouvez apprendre à être à peu de choses près ce que vous voulez être si vous faites ce choix... La nature humaine, cela n'existe pas. Le but de ce concept est de classer les gens et de leur donner des excuses. Vous êtes la somme de vos choix, et l'on pourrait aussi reformuler vos étiquettes bien-aimées : "J'ai choisi d'être ainsi."* »

Voici un exercice que je pratique dans mes ateliers *« Vivre Autrement »* qui, tout en étant très ludique, laisse une forte impression sur les participants.

Après avoir discuté des mécanismes d'auto-étiquetage négatif que nous pratiquons presque tous, les participants sont invités à écrire sur des étiquettes autocollantes tous les adjectifs négatifs par lesquels ils se décrivent : colérique, paresseux, chétif, médiocre, trop grosse (en général une exclusivité féminine !), peu sportif... la liste est fort

longue. Nous insistons sur le fait qu'il s'agit bien d'étiquettes *auto*collantes ! Puis les participants vont se promener dans la montagne en réfléchissant à quatre questions :
o Qui a collé cette étiquette ?
o Ai-je le droit de l'ôter ?
o Qui me donne ce droit ?
o Vais-je exercer ce droit – c'est-à-dire décoller l'étiquette ?

Puis, au retour de la promenade, nous brûlons symboliquement les étiquettes.
Q : Quelles sont les étiquettes négatives que je me colle à moi-même ? Vais-je les ôter ? Sinon, pourquoi ?

Chapitre 5

Des outils pour me sortir du parking payant

Pour terminer, je voudrais vous suggérer quelques outils pour commencer ou continuer votre travail pour assumer la responsabilité totale de votre vie – en plus de la « Déclaration de responsabilité face à la vie » déjà citée (voir pp. 38-39)

Le premier outil, et le plus puissant que je connaisse, est de simplement dire un OUI puissant à absolument tout ce qui rentre dans votre vie.

Dans un précédent livre, je raconte l'histoire de Martine qui eut une guérison instantanée d'un problème de santé sérieux en disant OUI, les bras étendus, à absolument tout ce qui entrait dans sa vie.

Je vous suggère de faire l'expérience de passer plusieurs fois une journée entière en disant OUI à absolument TOUT ce qui se présente dans votre journée, tant les ennuis que les événements positifs. Car c'est une façon de dire à l'univers : oui, je sais qu'il y a une leçon ou un cadeau pour moi dans cette expérience.

Dans son livre sur l'énergie de l'argent (à paraître prochainement aux Éditions Jouvence), Maria Nemeth fait un commentaire intéressant sur la force du OUI. « *Chaque fois que vous êtes d'accord de dire "Oui" à tout ce que vous rencontrez sur votre chemin, vous exprimez le héros en vous. De répondre "Oui" – un Oui appuyé – à absolument tout nous permet de faire l'expérience de la prospérité. La prospérité vient quand vous participez pleinement à chaque aspect de votre vie… Quand vous ne bloquez rien, quand vous êtes prêts à apprendre de tout, et que vous êtes engagés à exprimer votre vraie nature, à ce moment vous faites l'expérience de la prospérité. Nous pouvons en déduire que la prospérité n'est pas quelque chose d'extérieur à nous, qui attend de se produire quelque part dans l'avenir. La prospérité se manifeste maintenant, chaque fois que nous sommes prêts à être pleinement présents à notre vie. C'est pour cela que OUI est le mot le plus puissant que nous puissions prononcer.* »

Il va de soi qu'il faut entendre prospérité dans un sens très large – autant spirituel et existentiel que matériel.

L'attitude de victime est fondamentalement une attitude de négation face à la vie, de négation surtout de ses compétences, de son aptitude à grandir, de repliement, pour ne pas dire recroquevillement, sur soi et le connu, sur la sécurité, le psychologiquement confortable. Le psychologue et thérapeute Sudheer Roche l'a dit fort bien :

« *Dans le non, il y a contraction ; le sentiment "Je suis moi" est renforcé : le non enferme, il isole, il est au service de l'ego, c'est-à-dire du sentiment de séparation.* » Par contre, « *Dans le oui, la conscience s'élargit, l'énergie est en expansion, elle s'étend au-delà des limites du moi... Le fait de dire oui remet fondamentalement en question la représentation que nous nous faisons de nous-mêmes ; jusqu'à opérer un changement radical, une révolution dans notre identité.* »

Une variante de cet exercice constitue à remplacer le OUI par un simple MERCI.

Ce n'est pas possible de pratiquer systématiquement cet exercice sans qu'il commence à modifier profondément votre attitude face à la vie. Ainsi, il m'arrive fréquemment de me promener dans la rue en disant un «oui» appuyé (c'est le cas de le dire) à chaque deuxième pas. C'est un exercice aussi simple qu'efficace si on le dit avec conviction et, surtout, en comprenant le sens de l'exercice.

Un *deuxième* outil consiste à affirmer à haute voix que vous êtes totalement responsable dans le domaine où justement vous vous sentez victime. Cela peut sembler aberrant à certains d'affirmer, « *Je suis totalement responsable de ma situation financière* » alors qu'il leur reste 250 F dans leur compte en banque suite à une faillite ou une escroquerie qu'ils ont subie ; ou « *Je suis totalement responsable de ma situation relationnelle* » alors que leur compagnon vient de partir avec leur meilleure amie, en vidant en plus le compte en banque commun ! Mais c'est justement cette attitude qui ouvrira les portes qui vous permettront de commencer à guérir.

Un *troisième* outil est l'utilisation consciente de l'expression *« Je choisis de… »* dans des situations où auparavant, vous « laissiez venir », où vous subissiez les choix des autres, où vous acceptiez le déroulement des événements sans chercher à l'influencer.

Votre partenaire veut partir en vacances aux Caraïbes alors que vous préférez les pays nordiques ? Ayez une discussion franche, au lieu de subir passivement sa décision. Et si, après un échange franc, vous vous décidez malgré tout pour les Caraïbes, dites clairement : *« Je choisis volontairement d'aller aux Caraïbes. »* Ce n'est plus quelque chose que vous subissez par crainte de déplaire à votre partenaire, mais un choix raisonné que vous acceptez pleinement.

Une décision choisie, même dans les situations les plus contraignantes de la vie, constitue un des outils les plus puissants pour ne pas succomber à la tentation d'être victime.

L'exemple le plus dramatique que je connaisse de ceci est un récit fait par un médecin, George Ritchie, qui était avec les troupes américaines qui ont libéré les camps de la mort nazis à la fin de la dernière guerre mondiale. Dans un camp près de Wuppertal, où les libérateurs découvrirent ces squelettes ambulants que nous avons tous vus sur des films ou photos de l'Holocauste, il y avait un Polonais qui rayonnait de santé : il se tenait toujours droit, avait des yeux brillants, une énergie infatigable. Comme il parlait plusieurs langues européennes, les Américains l'utilisèrent pour les aider dans les innombrables tâches auxquelles ils devaient faire face avant de renvoyer les prisonniers dans leurs familles. Malgré des journées de 15-16 heures, quand Ritchie et ses camarades tombaient de fatigue, ce Polonais semblait gagner encore des forces. Sa compassion pour ses codétenus était sans bornes. Ritchie s'imaginait qu'il avait dû arriver dans le camp seulement quelques semaines avant l'arrivée des Américains. Aussi fut-il stupéfait d'apprendre que cet homme était dans le camp depuis… 1939. Du jamais vu.

Depuis six ans, il avait vécu dans un environnement et avec une nourriture qui avaient tué des milliers de personnes. En 1945, c'était médicalement absolument inexplicable. (Aujourd'hui, la médecine peut l'expliquer, comme nous le rappelons plus bas.) Un jour, il raconta son histoire au médecin.

Il était avocat et vivait dans la section juive de Varsovie, quand les Nazis arrivèrent et firent descendre tout le monde dans la rue. Comme l'avocat parlait allemand, ils le mirent de côté. Devant ses yeux, ils alignèrent le long du mur sa femme et ses cinq enfants, ainsi que les voisins et les descendirent à la mitrailleuse. Mais laissons la parole à l'avocat pour la suite du récit.

« J'ai dû décider à ce moment », continua-t-il, *« si j'allais me permettre de haïr les soldats qui avaient fait ceci. C'était en fait une décision facile. J'étais avocat. Dans ma pratique, j'avais trop souvent observé ce que la haine pouvait faire aux esprits et aux corps des gens. La haine venait de tuer les six êtres qui m'étaient les plus chers au monde. À cet instant, j'ai décidé que je passerais le reste de ma vie – fut-ce quelques jours ou de nombreuses années – à aimer toute personne avec qui j'entrerais en contact. »*

« J'ai décidé » : l'avocat avait fait un choix conscient, clair. Ce qui est particulièrement intéressant est que ce choix n'était pas motivé par une conviction religieuse, au sens traditionnel du terme. C'était un choix rationnel, réfléchi. Si quelqu'un au monde avait eu le droit de se sentir totalement victime, c'était bien cet homme. Ce choix conscient l'a sauvé. Et aujourd'hui, grâce à la nouvelle discipline médicale de la PNI - psycho-neuro-immunologie - qui étudie les relations entre le psychisme, le système nerveux et le système immunitaire du corps, on a des preuves scientifiques qu'exprimer l'amour renforce le système immunitaire.

Chapitre 6

« Je me sens victime de » : les grands thèmes

Cela fait dix ans que je travaille avec des groupes très divers sur le thème victime-responsable. Certains thèmes reviennent de façon lancinante. Il serait utile de les aborder, pour dégager quelques pistes permettant de se sentir moins victimes.

Le temps

Qui ne se sent victime du temps ? Presque tous lui courent après. Nous vivons dans une société qui souffre d'une véritable névrose du temps compressé, et cela pour une raison très simple : nous avons transformé le temps en argent.

Un Américain, James Gleick, a récemment publié un livre qui s'appelle simplement *« Faster »* (Plus vite), où il recense toutes les formes que prend l'accélération du temps dans notre société. On a vraiment le tournis quand on termine la lecture de ce livre. La plus petite particule de temps n'est plus la nanoseconde, mais la femtoseconde :

un millionième d'un milliardième de seconde. Va-t-on bientôt mesurer les courses olympiques ou les arrivées au bureau en fractions de millionième de seconde ? *« Dupont, c'est la troisième fois cette semaine que vous arrivez avec au moins 20 femtosecondes de retard ! »* Au Canada, on greffe des gènes accélérateurs aux saumons pour les faire croître plus rapidement. Il y a belle lurette que les Danois ont inventé la technique du « split-feeding » (intraduisible) pour accélérer la digestion des vaches, car leur façon de ruminer paisiblement coûtait trop cher aux exportateurs pressés. Nous mettons le mot « vite » à toutes les sauces, même les enfants : *« Je vais vite faire un téléphone, vite à l'épicerie, vite aux toilettes… »* Quand pourrons-nous un jour vivre normalement ? Nous n'avons plus le temps de prendre du temps. Comme le dit un proverbe soufi : *« Le temps est le maître de ceux qui n'ont pas le temps. »* Comme l'argent, il est un bon serviteur, mais un maître absolument tyrannique.

Certaines personnes sont objectivement victimes de situations de stress intenables, et je ne suis pas sûr de pouvoir leur prodiguer le moindre conseil - ou d'en avoir le droit – comme par exemple une mère divorcée qui élève seule trois enfants en travaillant à 100 % comme vendeuse dans une grande surface à 1 h 30 de son domicile. Sans une profonde transformation de cette société « fricophage », dont le *seul* objectif économique est l'accumulation du profit financier maximum pour une petite minorité, il est peu probable que cette catégorie de personnes puisse ralentir de façon significative la course métro-boulot… *commissions, cuisine, devoirs des enfants, repassage, lessive, etc., etc.,* avant d'arriver complètement crevée au dodo. Et cette transformation n'est pas le thème de ce livre, même si elle est urgente pour la survie de la planète et de la civilisation.

Mais beaucoup d'autres ont des choix. Beaucoup de personnes que je connais, qui se plaignent du stress, pourraient travailler considérablement moins si elles faisaient le choix de vivre plus simplement. Et de plus en plus de gens dans nos sociétés font le choix de travailler et de gagner moins pour vivre mieux, avec avant tout moins de stress.

On peut également entreprendre une démarche intérieure par la méditation. Un ami qui m'est très proche m'a raconté comment il s'est débarrassé de près de 50 ans de « stress-temps » pendant une seule brève méditation. C'est une personne professionnellement indépendante qui a été très active pendant toute sa vie, et qui, à un âge où d'autres songent à prendre leur retraite, est encore active dans de nombreux domaines. Dès son adolescence, me racontait-il, il s'est soumis à une discipline de fer, au niveau du planning du temps, et il avait maintenu ce programme toute sa vie. Un matin, il décida de méditer sur ce que signifie vraiment s'aimer soi-même. *« Pendant cette brève méditation d'une demi-heure à peine »* me raconta-t-il par la suite, *« je réalisai que le stress que je m'étais imposé pendant toute ma vie constituait littéralement une forme de cruauté contre moi-même. Je vis clairement que l'univers voulait autre chose pour moi – une vie dans la sérénité et la plénitude. Et je sentis, dans les instants qui suivirent, couche après couche de stress qui tombaient, comme de vieilles pèlerines trouées. Je sentais tout mon corps se relaxer, se dénouer de ces nœuds accumulés pendant si longtemps. C'était extraordinaire. Je me relevai de mon siège, un homme nouveau. Et depuis, je vis sans aucun stress-temps. J'ai décidé de m'aimer un peu plus. C'est là une première étape. »*

Q : Concrètement, que pourrais-je entreprendre pour me sentir moins victime du temps ?

L'argent

Jamais société humaine n'a vécu avec une telle obsession de l'argent, promue valeur par excellence par une société qui ne cesse de l'exalter. Dans leur vie quotidienne, nombre de nos contemporains donnent l'impression de n'exister que par la place que leurs ressources matérielles et surtout financières leur permettent d'occuper dans la société. Georges Soros, un des plus grands gourous de la finance internationale – il devint célèbre parce qu'en septembre 1993, il gagna plus d'un milliard de dollars en spéculant contre la livre sterling – a écrit dans son livre « Le défi de l'argent » : *« Il y a quelque chose d'obscène dans le fait qu'on puisse, comme moi, gagner autant d'argent. »*

Pourtant, comme le dit si bien un petit poème anonyme :

> Avec de l'argent, vous pouvez acheter :
> Un lit mais pas le sommeil,
> De la nourriture mais pas de l'appétit,
> Des bijoux mais pas la beauté,
> Des livres mais pas l'intelligence,
> Des médicaments mais pas la santé,
> Des tranquillisants mais pas la paix,
> Le plaisir mais pas la joie,
> Le confort, le luxe mais pas le bonheur,
> Une certaine réputation mais pas la bonne conscience,
> Des relations mais pas un vrai ami,
> Une assurance sur la vie mais pas sur la mort,
> Une place au cimetière mais pas dans le ciel.
> C'est pourquoi, il ne faut pas s'en faire !

Quand nous quitterons cette terre, nous n'emporterons avec nous ni notre compte en banque, ni notre villa, notre voiture ou nos autres possessions matérielles, ni notre réputation ou nos bonnes œuvres, *la seule chose que nous emporterons avec nous sera notre capacité à aimer.* Car il n'y a pas de déménageuses *pour* l'Au-delà, et encore moins de garde-meubles *dans* l'Au-delà.

Nous n'allons pas avoir l'outrecuidance de proposer «Dix recettes faciles pour ne plus être victimes de l'argent » – nous laissons cela à ces spécialistes du développement personnel qui pensent que quelques recettes simplistes suffisent pour réformer une vie. Le chemin vers une libération de ses rapports avec l'argent demande un réel engagement et un grand désinvestissement de l'ego. Il est ardu et long – en dehors d'une grâce semble-t-il réservée à quelques élus. Mais l'investissement en vaut la peine, car le résultat – une attitude de joie, de détachement profond, de liberté réelle dans les rapports avec l'argent, lequel, de tyran, se transforme en énergie d'amour – dépassera vos attentes les plus chères.

Nous indiquons ici seulement quelques pistes, nous ouvrons de petites lucarnes, que ceux qui le désirent pourront explorer. En effet, si nous sommes *vraiment* sérieux dans notre recherche de vie, l'univers répond *toujours* à nos attentes en nous permettant de découvrir les outils dont nous avons besoin au bon moment.

o Travailler pour développer une attitude de non attachement envers toute chose, en se voyant comme le gestionnaire et non le propriétaire de tout ce que la vie nous confie – nos ressources financières, notre mariage et nos enfants, nos possessions matérielles, nos talents, etc.

o Pratiquer la dîme inspirée, qui consiste à donner mensuellement le 10 % de tous ses revenus à une personne ou une institution qui nous inspire réellement, en accompagnant le don d'une lettre expliquant pourquoi nous désirons célébrer cette personne. (Cette pratique est expliquée en détail dans mon livre *« Découvrir les vraies richesses – pistes pour vivre plus simplement »*, Éditions Jouvence, 1996.)

o Payer ses factures avec joie, même ses impôts ! En effet, chaque fois que vous payez une facture, vous représentez l'abondance de l'univers pour la personne/l'institution/le commerce en question. Si vous considérez une facture abusive, mais devez la payer quand même, bénissez ceux qui vous l'envoient dans leur intégrité.

o Chaque fois que vous faites un achat, posez-vous la question : *« En ai-je vraiment besoin ? »* A la longue, cette petite question (qui est à manier avec humour et sans dogmatisme aucun, et surtout sans trace d'auto-culpabilisation) transformera profondément votre façon d'acheter.

o Si vous avez de la fortune à investir, choisissez des placements éthiques et/ou écologiques. De plus en plus de banques ont de tels fonds, et des organisations comme Greenpeace ou le WWF sont en mesure de vous donner des informations à ce sujet. En Suisse, la Déclaration de Berne a publié à ce sujet un excellent numéro du «Solidaire» : «Mettre votre argent au vert». (Adresse : C.P. 202, CH – 1000 Lausanne 9, Suisse. Tél. : (021) 624.54.17). La Banque Alternative Suisse est une banque «propre» qui investit ses fonds selon des critères éthiques très rigoureux et où vous pouvez ouvrir un compte en tant que simple client. Le développement réjouissant de cette banque montre qu'un nombre croissant de personnes est préoccupé de savoir ce qu'on fait avec leur argent. (Adresse : C.P. 161, CH - 1001 Lausanne Tél. (021) 319.91.00. En France, la société financière La Nef a une approche analogue, bien qu'elle ne soit pas encore à proprement parler une banque classique. Site internet : www.lanef.com)

o Commencez à entreprendre une démarche de simplification de la vie. En effet, dans la mesure où vous privilégiez le temps et la qualité de vie plutôt que l'argent et la quantité de choses, d'activités et de formes de consommation, vous découvrirez avec surprise que l'on peut vivre infiniment *mieux* avec passablement *moins*. Il est d'ores et déjà possible de se créer des *espaces de liberté* dans nos sociétés hyperorganisées et envahies de règlements de toutes sortes, c'est-à-dire que tout en vivant physiquement et socialement dans la société, on peut mentalement vivre dans un espace très différent.

Q : Suis-je prêt-e à travailler moins, donc à gagner moins, de façon à organiser ma vie d'une façon plus cohérente par rapport à mes besoins profonds et mes propres valeurs ?

La santé

Rarement la « pensée unique » a autant dominé une sphère de l'existence que celle de la santé. La médicalisation de la pensée poursuit le citoyen du lever au coucher du soleil et on ne peut plus éternuer sans que quelqu'un autour de vous parle immédiatement de rhume ou de grippe. En parlant sans cesse de maladie, on suscite la peur, qui elle-même suscite la maladie, qui suscite une demande croissante de consommation médicale curative.

Qui plus est, cette démarche inocule à des populations entières une attitude de victime (dont la principale caractéristique, rappelons-le, est de *subir* quelque chose). Une fois qu'on a remis sa santé entre les mains du médecin, en d'autres termes, une fois que je responsabilise mon médecin pour ma guérison, je lui ai volontairement remis mon pouvoir. Je deviens le consommateur passif et en général assez ignorant de ce que lui me propose – qui consiste avant tout à ingurgiter médicament après médicament - plutôt qu'à supprimer dans mon mode de vie les facteurs qui me rendent malade.

Or, la *seule* approche intelligente de la santé – et de très loin la plus efficace, comme le savent tous ceux qui ont travaillé dans le domaine de la santé publique – est une démarche préventive.

Il m'arrive rarement d'être aussi catégorique, vu le monde extraordinairement complexe dans lequel nous vivons. Mais dans le domaine de la santé, la prévention s'impose avec une telle évidence comme la principale démarche rationnelle que seuls les intérêts matériels gigantesques qui sont en jeux avec la médecine curative peuvent expliquer ce déni de réalité que nous constatons autour de nous.

Heureusement, un nombre croissant de nos contemporains découvre qu'il existe des dizaines, si ce n'est des centaines, de démarches de santé efficaces et peu chères au niveau des médecines dites douces ou alternatives. D'innombrables ouvrages, revues spécialisées et sites internet sont à la disposition de toute personne cherchant des informations dans ce domaine et désirant se responsabiliser pour sa propre santé.

Jusqu'à l'âge d'environ 32 ans, j'étais un hypochondriaque, qui avalait des pilules à la moindre alerte et courait chez le médecin pour le moindre bobo. Je me sentais totalement victime de facteurs que je ne contrôlais pas et qui faisaient qu'un jour je semblais en excellente santé et que, le lendemain, j'étais au fond du lit. Toutefois, lors d'un séjour de deux ans à l'université du Michigan aux États-Unis, je découvris un livre* qui d'abord m'irrita profondément, puis me fascina après que j'eus commencé à me débarrasser de mes préjugés théologiques et matérialistes – et Dieu sait qu'ils étaient légion !

En effet, cet ouvrage soutient qu'il existe des lois spirituelles aussi rigoureuses que celles du monde

---

* Le livre s'intitule Science et Santé, avec la clé des Écritures, par Mary Baker Eddy. Il a été vendu a plus de 10 millions d'exemplaires en 17 langues. Il est difficile à trouver en librairie, mais nombre de bibliothèques l'ont en stock. En France, on peut l'obtenir à la salle de lecture de la Science chrétienne, 36, bl. Saint Jacques, 75014 Paris. On peut aussi l'obtenir chez l'éditeur, Christian Science Publishing Society, One, Norway Street, Boston, MA 02115 USA.

matériel qui permettent non seulement de devenir son propre médecin, mais de faire face à n'importe quel problème de la vie. Ayant une formation scientifique, et croyant profondément à l'intégrité de la vraie démarche scientifique, étant de surcroît très pragmatique, je me mis à expérimenter les lois décrites dans le livre sur ma propre personne. À ma stupéfaction, je commençai à obtenir guérison après guérison.

Mon étonnement augmenta quand je remis le livre à des amis africains, beaucoup moins bardés de préjugés que moi, il faut le dire. Non seulement ils réussirent à se guérir de problèmes médicaux chroniques, mais ils commencèrent à guérir d'autres personnes par l'application des lois spirituelles rigoureuses décrites dans le livre. (Les cent dernières pages contiennent des récits de personnes guéries des maladies souvent chroniques les plus diverses par la simple lecture du livre).

La guérison suivante a été vérifiée médicalement par une photo prise au scanner. Les deux personnes impliquées, que j'appellerai Myriam et André, sont de bons amis, et je me porte garant de leur totale intégrité.

Lors de la naissance d'une de leurs filles, il y eut des complications. Le scanner révéla la présence d'une tumeur dans l'utérus de Myriam. Le médecin chef de l'hôpital et son adjoint dirent à la gynécologue qu'il fallait opérer d'urgence et que Myriam devait être transférée par hélicoptère à l'hôpital universitaire le plus proche, l'opération étant trop sérieuse pour être menée localement. La gynécologue, sachant qu'André et Myriam se soignaient par une médecine spirituelle, à la demande d'André, approcha le chirurgien chef pour demander un répit de 24 heures. Ce qui fut accordé.

André passa la nuit entière en méditation, étude et prière – selon la méthode décrite dans le livre susmentionné. Le lendemain, un nouveau passage au scanner révéla que la tumeur avait complètement disparu.

Les annales de la médecine regorgent de cas similaires que les médecins appellent «rémissions spontanées», une terminologie qui impressionne les non spécialistes mais qui veut simplement dire : «Nous ne comprenons absolument pas ce qui s'est passé».

Imaginons un grand parc public. Au milieu du parc s'étend une immense pelouse d'une centaine de mètres de diamètre. Elle représente la totalité du savoir concernant le fonctionnement de l'univers et de ses habitants. Sur le bord du cercle, une petite pièce de monnaie représente le savoir accumulé de la race humaine.

Sur cette pièce de monnaie, un minuscule cercle représente la totalité du savoir médical. L'explication de la guérison de Myriam se trouve dans la grande aire inexplorée de la pelouse. En effet, je ne crois absolument pas aux miracles au sens traditionnel du terme. Dans l'univers, tout ce qui se passe correspond à des lois – et heureusement, sinon nous habiterions un univers totalement imprévisible où tous les «coups» seraient permis. En science, on dit qu'une impossibilité ne se produit pas. Un jour, la science s'ouvrira à l'idée de lois non matérielles rigoureuses, et ce jour-là, notre race fera un saut quantique gigantesque.

En attendant, depuis des millénaires, des milliers d'individus de toutes les races et croyances ont démontré, sans peut-être savoir les formuler rigoureusement, l'existence de telles lois, qui permettent à chacun de se responsabiliser pour sa vie et, notamment pour sa santé. Vous pouvez également le faire, si vous êtes prêts à vous aventurer en dehors de la modeste sphère de ce qui vous est connu.

Ce que je viens de décrire montre *une* approche pour devenir totalement responsable de sa santé. De très nombreuses autres voies sont disponibles, allant dans le même sens. Cherchez la vôtre. *Si vous cherchez de tout votre cœur, vous êtes certain de la trouver.*

Heureusement, surtout en Amérique du Nord, un nombre croissant de médecins s'ouvre à la réalité incontestable de la guérison mentale ou spirituelle. Aux États-Unis, deux tiers des écoles de médecine ont des cours sur la spiritualité ou des thèmes analogues. Le Dr Larry Dossey, un des médecins les plus réputés d'Outre-Atlantique, est l'auteur d'une série de best-sellers sur ce thème (dont : *« Ces mots qui guérissent »*, paru aux éditions

Dangles). Dossey montre que la médecine a maintenant les preuves statistiques solides de l'efficacité d'une approche spirituelle de la guérison. Mais il est le premier à reconnaître les résistances à cette approche en milieu médical, encore infiniment plus importantes en Europe que dans les pays anglophones. Dans son dernier livre, «*Reinventing medicine*», (Réinventer la médecine) il affirme : «*Nous [médecins] sommes tellement accrochés à une vision mécaniste de la réalité que nous n'hésitons pas à nier une évidence qui remet en question cette vision.*» Et il cite un scientifique respecté, représentant de l'optique médicale matérialiste, qui, lorsqu'on lui a demandé de faire une revue d'un article parlant de cette approche de guérison spirituelle à distance, eut l'honnêteté de dire : «*Ceci est le type d'information que je ne croirais pas, **même si elle était vraie.***»

C'est là un combat d'arrière-garde. Car une chose est certaine. Un jour, quand la race humaine sera plus évoluée, quand chacun sera devenu son propre médecin – et ce jour arrivera certainement, on le voit poindre déjà – nos descendants penseront avec compassion à ces millions de personnes qui empoisonnaient leur corps avec des produits chimiques en imaginant qu'un procédé aussi primaire pouvait garantir à long terme la vraie santé. Celle-ci implique la maîtrise du fonctionnement de son propre corps, qui implique à son tour que l'on choisisse de devenir responsable de sa santé, au lieu de se cantonner dans le parking payant de plus en plus cher (au propre autant qu'au figuré) de la victime tout à fait consentante mais de plus en plus inconfortable.

Q : Quel pourcentage de responsabilité est-ce que j'accepte pour ma santé ? 20 % 50 % 80 % 100 % ? Et comment l'augmenter, si je suis en deçà de 90-100 % ?

L'éducation

« *C'est la faute à mon éducation.* » Combien de fois n'ai-je pas entendu cette phrase presque incantatoire dans nos débats sur le sujet « victime et responsable » aux ateliers Vivre Autrement. Moi-même, jusqu'à près de 40 ans, j'étais fermement persuadé que la plupart de mes problèmes avaient leur origine dans une éducation familiale sévère, et affreusement culpabilisante dans certains domaines, à tel point que la culpabilité était devenue l'émotion dominante dans ma vie. J'accusais ma famille, mon milieu, de la plupart de mes maux. Je ne semble pas être la seule personne sur cette planète à avoir adopté une telle démarche. Cela m'évitait d'avoir à me regarder en face et de devenir vraiment adulte.

En effet, tant qu'on accuse quelqu'un ou quelque chose d'extérieur à soi d'être responsable de ses problèmes, on donne à l'univers le signal que l'on n'est pas prêt à assumer la responsabilité de sa vie. Donc on se maintient soi-même en position de victime.

Dans un livre déjà cité, *« Un merveilleux malheur »* de Boris Cyrulnik, l'auteur affirme : *« Un malheur n'est jamais merveilleux. C'est... une escarre de douleur qui nous oblige à faire un choix : nous y soumettre ou la surmonter. »*

Personne ne peut traverser la vie sans amasser quelques escarres, aussi privilégié soit-il de naissance ou de fortune. La différence, c'est que l'attitude de victime pousse certains à choisir d'encadrer leurs escarres et de les mettre sur la cheminée du salon où ils les contemplent toute leur vie en répétant à qui veut les entendre combien leurs escarres les ont déformés, alors que d'autres transforment leurs escarres en béquilles, et, un jour, jettent leurs béquilles aux orties. Comme l'a dit N. Apter, on n'est pas responsable de ce que l'on a reçu, mais bien de ce que l'on en fait.

Q : Ai-je encadré mes escarres pour ressasser combien elles m'ont fait souffrir, ou est-ce que je les utilise comme leviers pour monter plus haut ?

Dans un de mes précédents ouvrages, je mentionne le cas d'un ami qui eut une éducation chrétienne très étroite, notamment dans le domaine de la sexualité, considérée comme un péché à la limite du tolérable. Il en souffrit énormément. Plus tard, dans le cadre de son travail humanitaire, il eut l'occasion de créer une revue d'éducation populaire dans des pays à dominante musulmane et de publier les premiers articles jamais publiés sur la sexualité dans cette partie du monde. Le journal reçut des cris de détresse profonds de jeunes qui décrivaient leur misère sexuelle, allant jusqu'à menacer de se suicider s'ils ne recevaient pas de réponse. Parce que cet ami avait tant souffert, cette souffrance lui avait donné une sensibilité et une expérience qu'une éducation « normale » dans ce domaine ne lui aurait jamais permis d'avoir. Sa souffrance se sublima en compassion qui lui permit une écoute qu'il n'aurait jamais eue autrement.

Certaines théories psychanalytiques ont vulgarisé la croyance que la formation du caractère se joue entièrement dans la petite enfance. Ces théories constituent de superbes alibis pour rester dans des parkings payants entourés de cabinets de psychanalyse. À ce déterminisme, il convient d'opposer la conviction passionnée du pédopsychiatre Marcel Rufo que *« tout se rejoue toujours »*. Cette vision permet d'avancer, en donnant de l'espoir à tous les coincés du passé.

« Le système »

Que ce soit de la part de chômeurs qui se sentent brimés par la bureaucratie, de militants divers qui en veulent au système économique, un citoyen qui veut obtenir justice, un fonctionnaire victime de « mobbing », un étudiant en lutte contre l'administration universitaire ou un assuré en guerre avec son assurance, un tiers-mondiste en lutte contre l'OMC ou la globalisation, toutes ces personnes dans notre société se sentent victimes du mastodonte dénommé « le système ».

philosophe irlandais Edmund Burke observa il y a déjà fort longtemps que *« nul ne commit de plus grande erreur que celui qui ne fit rien, en prétextant qu'il ne pouvait faire qu'un petit peu »*. Si nous abdiquons même avant d'avoir essayé, il est certain que les systèmes, quels qu'ils soient, s'affermiront, non parce qu'ils sont forts en soi – qu'on se rappelle la chute du mur de Berlin ou la fin de l'apartheid – mais parce qu'*ils sont forts uniquement de notre démission individuelle et collective*. La seule force du mal est la force que nous lui donnons en croyant à sa puissance ou en ayant peur de lui. Si nous définissons la vraie substance comme une réalité intemporelle qui est incapable de discordance intérieure ou de décomposition (par exemple l'amour est une vraie substance) alors le mal, l'erreur, quels qu'ils soient, n'ont aucune substance. Ils ne survivent que par l'accumulation de nos capitulations, de nos démissions.

Une petite histoire intitulée *« A qui la tâche »* illustre ceci de façon humoristique. Elle rapporte l'aventure de quatre personnes appelées : Tout-le-Monde, Quelqu'Un, N'importe Qui et Personne.

La digue près de leur village était en train de céder à cause de pluies sans précédent. Il était urgent de colmater une brèche. On demanda à Tout-le-Monde de s'en occuper. Comme cela demandait un petit effort et que Tout-le-Monde était certain que Quelqu'Un s'en occuperait, il ne s'en soucia pas. Bien sûr, N'importe Qui aurait pu assumer cette responsabilité, mais finalement Personne ne le fit. Quelqu'Un dans le village se fâcha, car il semblait évident que c'était à Tout-le-Monde de s'en occuper. Mais Tout-le-Monde s'imaginait cette fois que N'importe Qui allait s'en occuper, et Personne ne réalisa que Tout-le-Monde ne le ferait pas. Pour finir, Tout-le-Monde accusa Quelqu'Un, quand Personne ne se soucia de ce que N'importe Qui aurait pu faire.

La digue finit par céder, et les quatre amis moururent noyés.

Il y a quelques années, les journaux ont rapporté l'histoire d'un jeune garçon pakistanais de 13 ans qui fut abattu dans son village par la mafia locale des fabricants de tapis. En effet, ce jeune garçon, Iqbal Masih, avait été vendu par ses parents à quatre ans à un fabricant de tapis. Pendant des années, il avait travaillé enchaîné à son métier à tisser, jusqu'à ce qu'une organisation de Droits de l'homme réussisse à le racheter. Il était brillant. Très rapidement, ses sponsors réalisèrent qu'il pourrait défendre la cause de ces enfants dans les pays occidentaux, grands consommateurs de tapis pakistanais entre autres. Après avoir réussi à alerter nombre d'organisations occidentales et obtenu le prix des droits de l'homme Reebok, il fut assassiné chez lui.

Un jeune canadien de 12 ans, Craig Kielburger, qui cherchait une bande dessinée dans son journal local, lut une information sur cet incident. Il en fut tellement choqué qu'il en parla à l'école. Devant la passivité des professeurs, il fonda, avec des jeunes de son âge, une organisation contre l'exploitation des enfants. À douze ans, il s'adressa à une des grandes centrales syndicales canadiennes. Debout sur une pile de livres pour que sa tête dépassât le podium, il eut d'abord droit à des rires. Après son exposé, les délégués lui firent une ovation extraordinaire et à la fin de la soirée il avait reçu… $150'000 pour son travail. Au Pakistan, qu'il visitait en même temps que le président du Canada, après que ce dernier eut d'abord refusé de le recevoir, il donna une conférence de presse qui fit la une de la télévision et des grands journaux canadiens. Après celle-ci, non seulement le président de son pays l'écouta, mais il répercuta les idées de Craig. Ce dernier devint une célébrité nationale. Cela ne lui tourna pas la tête. Mais cela lui donna plus d'autorité pour continuer la tâche qu'il s'était fixée : que les Canadiens ne continuent plus d'acheter des tapis fabriqués par des esclaves de 4 à 10 ans. Aujourd'hui, il milite dans une organisation internationale de jeunes unis contre l'exploitation éhontée des enfants. Chaque lecteur, chaque lectrice de ce livre peut se joindre à ce combat en s'informant sur l'origine des vêtements, tapis, fleurs importées, etc. qu'ils achètent. Ainsi, une grande marque française fabrique ses vêtements dans une usine chinoise où les femmes travaillent 84 heures par semaine, sans aucun droit d'association, pour des salaires de survie. Vous pouvez, vous aussi, vous joindre à cette campagne internationale dénommée «Clean Clothes» et soutenue par nombre d'organisations humanitaires européennes actives dans le domaine du développement.

«À quoi ça sert ?» demande la mentalité de victime ou celui qui sommeille tranquillement dans son parking payant.

Alors écoutez pour terminer le petit récit suivant.

Ce n'est pas mon problème.

Trop de personnes s'imaginent que leur contribution ne changera pas grand-chose à l'évolution du monde. *«À quoi cela sert-il?»* s'exclament-elles avec un air résigné. *«Que je fasse quelque chose ou non, cela ne changera rien au système. Les grands problèmes du monde, c'est l'affaire des gouvernements.»*

Pourtant nous savons tous que les petits ruisseaux font les grandes rivières, et Saint Exupéry écrivait: «La pierre n'a point d'espoir d'être autre chose que pierre, mais de collaborer, elle s'assemble et devient temple.»

La participation de tous et de toutes est indispensable si nous voulons faire face aux grands problèmes de l'heure. Comme le souligne la reproduction des deux paragraphes ci-après, où la lettre «e», pensant que sa contribution n'était pas importante, est partie sans crier gare, votre participation fait toute la différence.

Trop de p rsonn s s'imagin t qu l ur contribution n chang ra pas grand chos à l' volution du mond . «À quoi c la s rt-il» s'xclam nt-ils, av c un air r sign . Qu j fass qu lqu chos ou non, c la n chang ra ri n au syst m . L s grands probl m s du mond , c' st l'affair d s gouv rn m nts.

Pourtant, nous savons tous qu l s p tits ruiss aux font l s grand s rivi r s. Saint xup ry crivait, « La pi rr n'a point d' spoir d' tr autr chos qu pi rr , mais d collabor r, ll s'assmbl t d vi nt t mpl .

On peut ressentir la plus profonde sympathie pour celles et ceux qui se sentent écrasés par des systèmes monolithiques, quels qu'ils soient. Mais il existe aussi tant d'êtres humains tout à fait ordinaires, qui, armés d'une foi et d'un courage profonds, arrivent à déplacer des montagnes.

Chapitre 7

La croyance au manque.

Ici nous touchons au problème le plus fondamental de l'espèce humaine, celui dont la plupart des personnes sur cette planète se sentent victimes, la croyance au manque, et ce dans tous les domaines : manque de temps, d'amour, de santé, d'intelligence, d'espace, d'argent, de compétences, de possibilités, la liste est presque infinie.

Pourtant, la réalité est que **nous habitons un univers d'une abondance inouïe**. Et si nous avons foi en cette abondance, elle se manifeste. Dans un très beau livre, « *The Silence of the Heart* », (Le silence du cœur), l'écrivain Paul Ferrini écrit : « *C'est la perception du manque qui bloque l'abondance. En réalité, le manque n'est pas réel. Mais la croyance au manque est réelle. Et c'est la croyance au manque qui rend ce dernier réel. Si vous désirez démontrer l'abondance, remettez en question tous vos besoins. Aussi longtemps que vous « avez besoin » de quelque chose, vous ne pouvez l'avoir. Et quand vous n'en avez « plus besoin », cette chose se manifeste dans votre vie.* »

Je voudrais terminer ce livre en vous citant un de mes poèmes préférés. On pourrait dire qu'il résume tout ce modeste ouvrage. Il s'appelle *« Toute leçon sera répétée jusqu'à ce que je l'aie retenue »*, et nous le devons à Portia Nelson :

Chapitre un

Je descends la rue
Il y a un grand trou dans le trottoir
J'y tombe
Je suis perdu
Je me sens sans aide
Ce n'est pas ma faute
Cela me prend une éternité pour trouver le moyen de sortir du trou.

Chapitre deux

Je descends la même rue
Il y a un grand trou dans le trottoir
Je prétends que je ne le vois pas
J'y tombe une fois de plus
Je n'arrive pas à croire que je suis au même endroit
Mais ce n'est pas ma faute
Il me faut un long moment pour en sortir.

Chapitre trois

Je descends la même rue
Il y a un grand trou dans le trottoir
Je vois qu'il est là
J'y tombe encore
C'est devenu une habitude
Mais mes yeux se sont ouverts
Je sais où je suis
J'assume ma responsabilité
J'en sors immédiatement.

Chapitre quatre

Je descends la même rue
Il y a un grand trou dans le trottoir
Je le contourne.

Chapitre cinq

Je descends une autre rue.

Amie lectrice, ami lecteur, je vous souhaite, dès que vous posez ce livre, de descendre l'autre rue. La vôtre.

Les stages Vivre Autrement

L'auteur de cet ouvrage organise, en été, à 2100 m dans un vieux chalet restauré situé dans un décor exceptionnel des Alpes suisses, des stages de week-ends ou de six jours qui, depuis de nombreuses années, aident leurs participants à vivre de façon plus équilibrée et moins stressée des vies basées sur les vraies valeurs. Au printemps et en automne, ces stages sont offerts le week-end ou sur une journée à Lausanne.

Stages de six jours : Recréer sa vie ; Le bonheur peut-il s'apprendre ; Silence et pleine conscience ; Faire une pause pour mieux progresser.

Week-end : Image de soi ; Plus jamais victime ; Pardonner le passé et lâcher prise ; Gérer mon argent dans la liberté ; Vivre sans culpabilité ; Communiquer en profondeur ; etc.

Ces stages ouvrent des pistes qui permettent à chacun d'amorcer ses propres réponses aux questions qu'il se pose.

Pour plus d'informations :
Vivre Autrement
18, Ch. des Bois
CH - 1255 Veyrier
Tél./fax : +41 (0)22 731.88.39
Courriel : **info@vivreautrement.ch**
Consultez notre programme sur le site :
www.vivreautrement.ch

Achevé d'imprimer par **CPI** (Barcelone)
en février 2015

Imprimé en Espagne

Dépôt légal : Septembre 2001

Ce livre est imprimé par **CPI** qui assure une stricte application des
règles concernant le recyclage et le traitement des déchets, ainsi que
la réduction des besoins énergétiques.